# HISTOIRE

## DES

# CONQUÊTES

## DE

# LOUIS XV.

MONARQUE des Français tes vertus et ta gloire,
Brilleront pour jamais au Temple de mémoire.

# HISTOIRE

## DES

# CONQUÊTES

## DE

# LOUIS XV.

Tant en Flandre que fur le Rhin, en Allemagne &
en Italie, depuis 1744, jufques à la Paix conclue
en 1748.

*Ouvrage enrichi d'Eſtampes, repréſentant les Siéges & Batailles ;*
*& de Plans des principales Villes aſſiégées & conquiſes.*

PAR M*r*. DU***

A GENEVE,

*Et ſe vend à Paris ;*

Chez DELORMEL, Libraire, rue du Foin, à l'Image Sainte Geneviéve.

M DCC LIX.

# HISTOIRE

## DES

# CONQUÊTES

## DE

# LOUIS XV.

Tant en Flandre que fur le Rhin, en Allemagne &
en Italie, depuis 1744, jufques à la Paix conclue
en 1748.

*Ouvrage enrichi d'Eſtampes, repréſentant les Siéges & Batailles,*
*& de Plans des principales Villes aſſiégées & conquiſes.*

Par Mr. DUMORTOUS.

A PARIS,

Chez DE LORMEL, Libraire, ruë du Foin, à l'Image Sainte Geneviéve.

M. DCC. LIX.

AVEC PRIVILEGE DU ROI.

# AU ROI.

SIRE,

J'ose retracer à ma Patrie les premiers triomphes de
VOTRE MAJESTÉ. Rome dans ses beaux jours ne fon-
doit sa puissance, que sur les chaînes des Souverains & des peuples vaincus; mais vos conquêtes, ces exemples immortels de
valeur, ne seront admirées de la postérité que par la clémence,
qui vous les a fait sacrifier aux douceurs de la Paix. On ne
méconnoîtra jamais en VOTRE MAJESTÉ le Héros, Ami
de l'humanité, qui, jaloux de conserver le sang des François
& de l'Etranger, sera placé dans l'Histoire au rang des

a

Pacificateurs & des Peres du peuple. Ces rares vertus font celles des grands Rois. Votre Regne en reçoit toute fa gloire. Elles font notre félicité. Puiffe le Ciel nous perpétuer ces avantages au-delà de nos vœux.


Je fuis avec le plus profond refpect,


SIRE,


De VOTRE MAJESTÉ,


Le très-humble, très-obéiffant
& très-fidele Serviteur & Sujet.
DU . . . . . . . . .

# AVERTISSEMENT.

L'HISTOIRE ne doit repréfenter que lés actions gé‑
nérales & politiques des Souverains ; la légiflation & les
exploits militaires en font les principaux objets ; fi leur
enfemble ne peut paroître fous d'autre titre, il eft peu de
perfonnes qui n'accordent que l'une ou l'autre de ces par‑
ties, traitée féparément, n'ait droit de porter ce nom. Ces
motifs ont déterminé à intituler cet Ouvrage, *Hiftoire des
Conquêtes de Louis XV.* La nature des événemens, leur
célébrité & l'ordre que l'on a adopté dans leur expofition,
n'ont point permis de préférer le titre de *Journal Hiftorique,*
qui lui eût peut‑être mieux convenu.

Si l'Auteur n'eût confulté que fes foibles talens, il n'eût
jamais mis au jour une collection de ce genre ; née dans
le fein du filence, elle n'eût été confacrée qu'aux délaffe‑
mens de celui qui lui avoit donné l'être ; mais d'heureufes
circonftances, ayant fait connoître les premieres efquiffes
de cet Ouvrage, à des Officiers généraux, qui dans les
dernieres Guerres ont contribué avec le plus de diftinction
aux fuccès des armes du Roi, leur zèle, leur amour pour
la Patrie & la gloire d'un Maître qu'ils ne ceffent de fervir
avec fidélité, les ont portés à enrichir de leurs lumieres
un projet, dont le mérite ne pouvoit être fondé que fur
la vérité des faits & l'exactitude de leurs époques.

C'eft dans des fources fi prétieufes & fi pures, que l'on
a puifé la précifion, fi néceffaire aux détails des mouve‑
mens des Troupes & de leurs attaques dans les Siéges &
dans les Batailles ; la variété des opérations & la rapidité

de l'exécution, à l'aide de Mémoires que des mains habiles ont bien voulu communiquer, font retracées de maniere, qu'en leur confervant ce qu'ils ont d'utile, on s'eft attaché à corriger les longueurs & la féchereffe, qui en font prefque inféparables, par les ornemens dont ils pouvoient être fufceptibles.

Ces Mémoires particuliers ont procuré un autre avantage ; comparés avec les Journaux les plus accrédités, qui avoient fervi à jetter les premiers fondemens de cette Hiftoire, l'Auteur s'eft efforcé d'y donner la derniere main avec cette confiance, que lui donnoient des inftructions capables de réparer les erreurs des écrits qu'il a confultés.

Mais il eût manqué à cet Ouvrage, la partie la plus chere au Prince & à fes Sujets, fi l'on fe fût contenté de payer un jufte tribut d'éloges aux Généraux qui ont commandé fous les ordres du Roi, fans publier la valeur de cette multitude d'Officiers, fi dignes par leurs actions de l'immortalité. Pour fatisfaire à cet hommage, il n'eft point de recherches que l'on n'ait faites, pour recueillir les noms de ceux qui ont perdu la vie les armes à la main, ou qui ont été couverts de bleffures.

Cette Hiftoire eft divifée en cinq Livres; & chaque Livre eft fubdivifé en autant de Chapitres, que les François ont remporté de Victoires & conquis de Places importantes. Le premier Livre comprend tout ce qui s'eft paffé en 1744, en Flandre, fur le Rhin & en Allemagne; on rend compte dans le fecond des fuccès de l'Armée combinée en Italie dans le cours de la même année; & les trois derniers Livres renferment le détail des Siéges, des Batailles, ainfi que des marches & pofitions refpectives des Armées en Flandre, depuis 1744, jufques à la Paix conclue en 1748.

HISTOIRE

# TABLE DES CHAPITRES.

## LIVRE QUATRIEME.



## LIVRE CINQUIEME.



### FIN DE LA TABLE.

### *FAUTES A CORRIGER.*

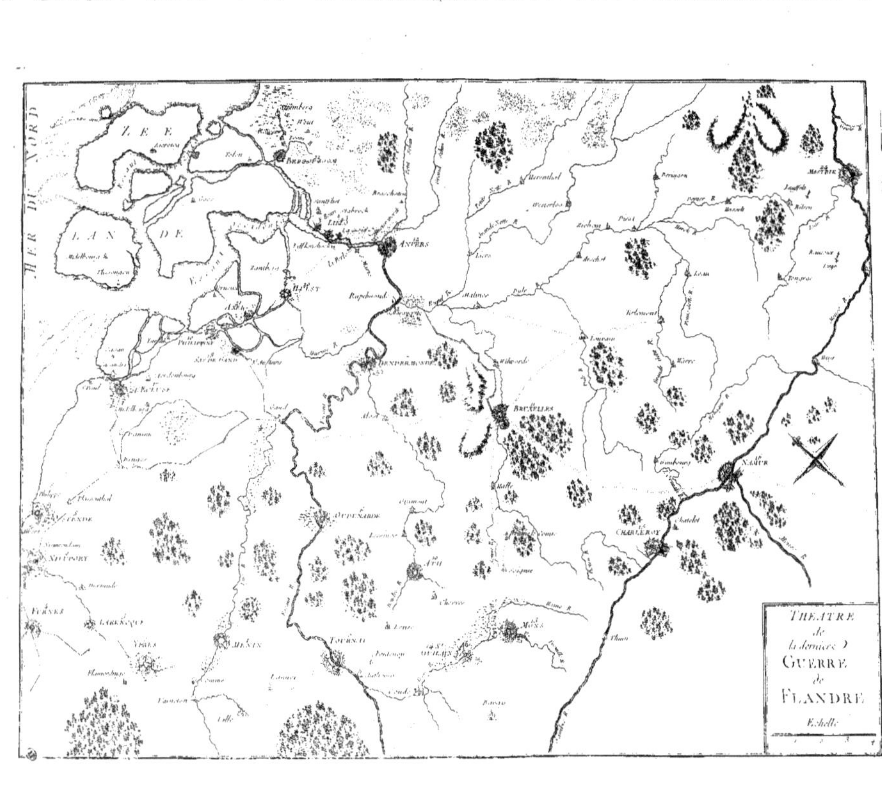


THEATRE de la dernière GUERRE de FLANDRE

# HISTOIRE

### DES

## DES CONQUESTES

### DE

# LOUIS XV.

## LIVRE PREMIER.

### CAMPAGNE DE 1744.

LA FRANCE étoit encore occupée à chanter les Victoires de ses Alliés, lorsqu'au-delà des Monts, l'Infant *Dom Philippe* & le Prince de *Conti* se faisoient déja connoître par leurs conquêtes: on s'attendoit à joüir d'une paix que la renommée publioit en tous lieux ; mais comme cette messagere est aussi inconstante qu'infidele, elle annonça bientôt aux François qu'ils auroient à leur tour la guerre, dont leur premier Ministre (a) les avoit préservés depuis long-tems.

(a) LE Cardinal de *Fleuri.*

A

L ES démarches fufpeétes du Roi d'Angleterre qu'on avoit éclairées, ainfi que celles de la Reine de Hongrie & de leurs Alliés; les infraétions des traités, & les hoftilités de *Mathews*, Général des puiffances Maritimes, déterminerent enfin le Roi de France à déclarer la guerre au Roi de la Grande Bretagne, Electeur d'Hanover.

A PEINE la Déclaration de guerre fut-elle publiée dans la capitale du royaume, (*b*) que le Maréchal Duc de *Noailles*, nommé pour commander l'armée qui s'affembloit en Flandre, partit pour s'y rendre ; les Officiers Généraux choifis pour fervir fous fes ordres, imiterent leur Commandant : le Comte de *Saxe*, qui n'étoit alors que Lieutenant Général, ayant été nommé Maréchal de France, eut le commandement d'un corps de troupes ; le Duc *d'Harcourt* fe mit à la tête d'un autre, & le Maréchal de *Coigny* eut une armée formidable à commander.

PENDANT qu'on faifoit les préparatifs de cette premiere & glorieufe campagne, le ROI déclara la guerre à la Reine de Hongrie. (*b*)

PEU de tems après la publication de cette Déclaration de guerre, LOUIS XV, accompagné de plufieurs Seigneurs, en état de lui infpirer l'amour & l'efpérance des triomphes, dignes fruits des viétoires qu'il devoit remporter, partit pour la Flandre, où il fe mit à la tête de fon armée.

QUELLE joye pour un Monarque de voler à la gloire ! Guidé par des Héros capables de lui faire moiffonner les premiers lauriers de fa jeuneffe, rien ne peut alors arrêter le cours de fon ardeur : les forts des ennemis, la rigueur des faifons, les rochers, les fleuves & les mers ; il femble que tout vienne céder à fa valeur extrême.

(*b*) L'ORDONNANCE du Roi, portant déclaration de guerre contre le Roi de la Grande Bretagne, fut publiée le 30 Mars 1744.

(*c*) L'ORDONNANCE du Roi, portant déclaration de guerre contre la Reine de Hongrie, fut publiée le 27 Avril 1744.

SIEGE DE MENIN
rendu le 4. Juin 1744.

## CHAPITRE PREMIER.

### *Prise de MENIN.*

LE ROI s'étant rendu au camp de Cisoing, visita son armée, & celle du Maréchal de *Saxe*, dont il fit une revûe générale : ces deux armées se mirent ensuite en mouvement, le Comte de *Saxe* s'avança jusqu'à Courtrai ; (*d*) & après que les Magistrats de cette ville eurent été forcés de lui en présenter les clefs, ce Héros en fit son quartier général. L'armée du Roi marcha de son côté sur quatre colonnes ; la premiere sous les ordres du Comte de *la Mothe-Houdancourt*, la seconde & la troisiéme sous ceux du Comte de *Clermont*, & la quatriéme fut commandée par le Duc de *Biron*.

TELLE étoit la position de l'armée, lorsque Menin fut investi. (*e*) & que le ROI eut établi son quartier au village de Werwick : SA MAJESTÉ n'eut point de tranquillité qu'elle n'eût reconnu la place, décidé l'endroit de son attaque, & celui dans lequel elle voulut qu'on ouvrît la tranchée ; les troupes envoyées pour cette premiere opération, où le Roi se trouva, furent commandées par M. de *Ceberet*, Lieutenant Général ; SA MAJESTÉ resta dans les travaux jusqu'à deux heures du matin, malgré les risques qu'elle y courut, & les dangers auxquels elle demeura longtems exposée.

LE ROI, parfaitement instruit du progrès des travaux qui avoient été faits pendant la nuit, & presque tous sous ses yeux,

---

(*d*) COURTRAI, ancienne ville des Pays-Bas, LOUIS XIV. la céda à la Maison d'Autriche, par le traité de Nimégue ; mais l'ayant reprise depuis, il la fit démanteler en 1683. elle fut rendue à la Maison d'Autriche par le traité de Riswick : elle est sur la Lis à 4 lieues de Lille, 5 de Tournai & d'Ypres, & 56 de Paris.

(*e*) MENIN, belle ville des Pays-Bas, dans la Flandre ; les François la prirent en 1667, & en firent une des plus fortes places de la Flandre. Les alliés la prirent en 1706, elle fut cédée à la Maison d'Autriche par les traités d'Utrecht, de Rastadt & de Bade. Elle est sur la Lis à 3 lieues de Lille, 7 d'Armentiere, 2 & demie de Courtrai, 3 d'Ypres & 57 de Paris.

ne fe contenta pas de louer le zele de ceux qui y avoient été employés ; il prouva bien en cette occafion, que la liberalité n'eft point un trafic d'orgueil & d'oftentation dans les opérations militaires, comme on le voit fouvent dans les affaires politiques, il fit donner une gratification confidérable aux travailleurs.

LE Comte de *Clermont*, à l'exemple de fon Roi, fit ouvrir la tranchée à la droite du côté de l'ouvrage à corne ; & comme l'intrépidité donne à l'ame d'un héros, la force & le courage de s'élever au-deffus des troubles & des émotions, que la vûe des grands périls pourroient y exciter, le ROI alla vifiter la tranchée que l'on avoit ouverte devant l'ouvrage à corne, & s'avança jufqu'à la tête de toutes les fappes.

APRÉS plufieurs jours de tranchée ouverte, on s'apperçut que les affiégés avoient abandonné l'ouvrage à corne ; alors on y fit avancer des grenadiers ; les affiégés pour donner lieu de croire qu'il y avoit des troupes dans cet ouvrage, envoyerent quelques foldats tirer de tems en tems. Cette rufe de guerre ne leur réuffit pas, autant il parut de foldats, autant on leur fit de prifonniers.

VOILA quelles étoient les opérations de la guerre, lorfque le Comte de *Clermont* fit placer une batterie de feize piéces de canon, pour battre en brêche ; leur feu précéda le lever du foleil, avec tant de vivacité & de fuccès, que cet aftre du jour étoit à peine au milieu de fa courfe, lorfque le Baron *Deéthen*, qui commandoit dans Menin, fit arborer le drapeau blanc, & demanda à fe rendre. (*f*)

(*f*) MENIN fut invefti le 18 Mai 1744 ; la tranchée fut ouverte devant cette place, tant à l'attaque royale qu'à la droite du côté de l'ouvrage à corne le 28. Le 4 Juin, le Gouverneur fit arborer le drapeau blanc, & demanda à fe rendre : la capitulation fut, que la garnifon fortiroit avec les honneurs de la guerre, qu'elle feroit conduite au Fort de l'Eclufe avec une efcorte, que le Gouverneur pourroit emmener avec lui 4 piéces de canon, & 4 obutz aux armes des États Généraux, avec 20 coups à tirer pour chaque piéce & pour les troupes. Le 5, le Roi prit poffeffion de la place, la garnifon défila devant lui, & les Magiftrats lui préfenterent les clefs de la ville, dont les fortifications furent enfuite rafées.

LES Officiers Généraux qui monterent la tranchée pendant le fiége, furent Meffieurs de *Ceberet*, le Comte de *Clermont*, le Comte de la *Mothe-Houdancourt*, le Marquis de *Maubourg*, le Marquis de *Montboiffier*, de *Cherifey*, le Marquis de *Choifeul-Meufe*, le Marquis de *Fenelon*, le Duc de *Gramont*,

Le

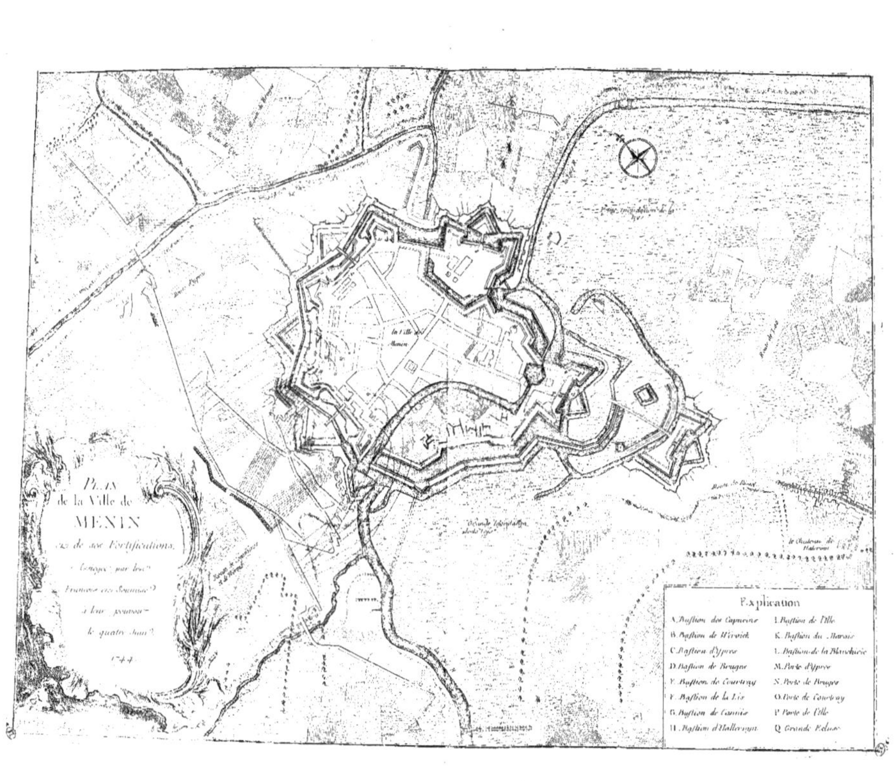


Plan
de la Ville de
MENIN
et de ses Fortifications
Assiegée par les
François les Journées
à leur pouvoir
le quatre Juin
1744

la Ville de
Menin

Explication

A. Bastion des Capucins
B. Bastion de Werwick
C. Bastion d'Ypres
D. Bastion de Bruges
E. Bastion de Courtray
F. Bastion de la Lis
G. Bastion de Comine
H. Bastion d'Halloryn

I. Bastion de l'Ille
K. Bastion du Marais
L. Bastion de la Blanchierie
M. Porte d'Ypres
N. Porte de Bruges
O. Porte de Courtray
P. Porte de l'Ille
Q. Grande Ecluse

le Chateau de Halloryn

LE ROI bien informé d'une nouvelle auffi intéreffante, fit partir à l'inftant le Maréchal de *Noailles* ; ce Général eut en entrant dans la place une conférence avec un Colonel des troupes de la garnifon, qui lui préfenta les articles de la capitulation, que le Gouverneur prioit SA MAJESTÉ de lui accorder : les ôtages furent donnés de part & d'autre, le Maréchal de *Noailles* en rendit compte au Roi, & la capitulation fut fignée.

le Comte de *Segur*, le Duc de *Biron*, le Comte de *Lowendal*, le Marquis de *Balleroi*, le Prince de *Pons*, le Comte de *Chabannes*, le Marquis de *Chifreville*, le Duc de *Richelieu*, le Maquis de *Marigane*, le Duc de *Luxembourg*, de *Montgibault*, le Comte de *Clare*, le Marquis d'*Hautefort*, *Zurlauben*, le Marquis de la *Riviere*, & le Marquis de *Pontchartrain*.

M. de *Valliere*, commanda l'artillerie, & le Comte *Daumalle*, le génie.

## CHAPITRE SECOND.

### *Prife D'Ypres, & du Fort de la Kenoque.*

LA ville de Menin ne fut pas plûtôt rangée fous l'obéiffance du Roi, que ce Monarque donna fes ordres pour faire le fiége d'Ypres. (*a*) Le Comte de *Clermont* fut chargé d'inveftir cette place ; un détachement de l'armée du Maréchal de *Saxe*, commandé par M. *Defgrarges*, partit pour la même opération, & le Maréchal de *Saxe* efcorté de guerriers intrepides, ( *b* ) alla reconnoître le terrein : une troupe d'infanterie fortie de la place, fut attaquée par ce Général ; la rencontre ne fut pas heureufe pour les ennemis : le fecours que le Gouverneur envoya pour les foutenir n'empêcha pas leur défaite ; leur réfiftance fut vaine, quelques Officiers & plufieurs foldats y furent tués ; on leur fit même un grand nombre de prifonniers.

LE premier jour qui éclaira la marche du Comte de *Clermont*, pour l'inveftiffement d'Ypres, fut un jour heureux ; ce Prince s'empara d'une Redoute que les ennemis avoient conftruite près de Deckebufc, & les foldats qui la défendirent furent faits prifonniers.

PEU de jours après que la ville d'Ypres fut inveftie, le ROI fe fit préfenter les plans des travaux qui avoient été faits jufqu'alors, & décida que les troupes monteroient la tranchée avec les drapeaux : ces ordres furent promptement exécutés ; la place fut attaquée fur la droite & fur la gauche ; la premiere fut l'attaque royale, & le Comte de *Clermont* fut chargé de la

---

(*a*) YPRES, jolie, forte & confidérable ville des Pays-Bas, au Comté de Flandre, avec un Evêché fuffragant de Malines, érigé en 1559 par le Pape Paul IV. Les François la prirent en 1678, & elle fut cédée à la France par le traité de Nimegue. Elle paffa à la Maifon d'Autriche par le traité d'Utrecht, & la garde en fut donnée aux États Généraux. C'étoit autrefois une grande ville très peuplée & très marchande, elle eft dans une plaine fertile, fur le ruiffeau d'Yper, à cinq lieues de Courtrai, fix de Niewport, 9 de Dunkerque, 6 de Lille, & 58 de Paris.

(*b*) CETTE efcorte étoit compofée de cent dragons, & de cent huffards.

SIEGE D'YPRES
rendu le 25. Juin 1744.

feconde. La tranchée ouverte, le R o i ne tarda pas à s'y montrer, parce qu'il avoit déja éprouvé que fa préfence augmentoit le zele & le courage des travailleurs.

Le progrès des travaux fut fi confidérable en peu de tems, que pendant la nuit, qui fuivit immédiatement les fix jours qui s'étoient écoulés depuis l'ouverture de la tranchée, les deux chemins couverts furent attaqués dans le même inftant. Le feu du canon, & de la moufqueterie de la place, quoique terrible, ne diminua rien de la valeur de ceux qui furent employés pour ces attaques : les grenadiers entrerent dans ces chemins couverts avec tant de bravoure & d'intrépidité qu'ils y firent des logemens. Cette journée fut fatale au Marquis de *Beauveau*, puifqu'il fut bleffé mortellement ; mais elle l'eût été beaucoup plus pour lui, fi cet Officier Général courant après la gloire n'eût pas fini fes jours au lit d'honneur. (*c*)

Les deux attaques ayant été réunies, on battit le corps de la place, & l'on fit entrer dans la baffe-ville des mortiers & du canon, qui devoient être en état de faire feu le lendemain : on avançoit avec rapidité l'établiffement de ces deux batteries, qui auroient pû réduire la ville en cendre, lorfque le Gouverneur fit arborer le drapeau blanc ; la valeur des troupes qui compofoient l'armée du Roi, & les foudres de guerre qu'on préparoit pour Ypres, forcerent le Gouverneur à fe rendre. (*d*)

(*c*) Les chemins couverts furent attaqués la nuit du 23 au 24 Juin 1744. Le Marquis de *Beauveau*, Maréchal de camp & Infpecteur de cavalerie, étant à la tête des grenadiers, reçut un coup de moufquet dont il mourut le même jour. Les affiégés eurent un grand nombre de foldats de tués & de bleffés ; on leur fit prifonniers quatre Officiers & 70 foldats. Il y eut des troupes du Roi, environ 300 hommes de tués ou de bleffés.

(*d*) Ypres fut invefti le 16 Juin 1744, le même jour, la Reine de Hongrie fit publier à Bruxelles fa déclaration de guerre contre la France ; on ouvrit la tranchée le 17, le Gouverneur fe rendit le 25, la capitulation fut fignée le 27, & portoit que le Roi accordoit à la garnifon les honneurs de la guerre, 4 piéces de canon & 4 mortiers, & au Prince de *Heffe-Phillipfthalt*, Gouverneur, deux piéces de canon : la garnifon d'Ypres en fortit le 29, les troupes de cette garnifon défilerent devant le Roi ; Sa Majesté entra dans cette ville le même jour, & les Magiftrats lui en préfenterent les clefs. Les Officiers Généraux qui monterent la tranchée tant que dura le fiége, furent Meffieurs de *Ceberet*, le Marquis *Maubourg*, le Comte de la *Mothe-Houdancourt*, le Marquis de *Fenelon*, le Marquis de *Montboiffier*, le Comte de *Lowendal*,

L E S gratifications & les grades militaires, furent les récom-
penfes des Officiers qui avoient payé de leurs perfonnes à
l'attaque des chemins couverts, & le R o i fit diftribuer de l'argent
aux foldats que ces braves Officiers y avoient commandés. La
générofité du Monarque fatisfaite, l'humanité & la commife-
ration porterent enfuite ce Prince victorieux, jufqu'à l'Hôpital
établi à Boefingue ; il y confola les bleffés par fa préfence,
parla aux malades, & recommanda furtout qu'on eût un grand
foin de fes foldats.

T A N D I S que l'armée chantoit la gloire & les vertus de fon
Roi, le Duc de *Boufflers* qui avoit reçû les ordres de S a M a j e s t é,
fe rendit devant le Fort de la Kenoque ; (e) ce Général avoit
fous fon commandement fix compagnies de grenadiers, dix-huit
piquets d'infanterie, un détachement de dragons, des mortiers &
du canon : la tranchée fut ouverte devant ce Fort ; mais ce grand
appareil fit bientôt fentir aux affiégés, que la témérité l'emporteroit
fur la bravoure, & qu'il y auroit plus de mal à craindre que de
bien à efperer, s'ils réfiftoient longtems ; enforte que le lendemain
de l'ouverture de la tranchée, le Commandant capitula.

---

de *Cherifey*, le Comte de *Chabannes*, le Duc de *Gramont*, le Prince de *Pons*, le Comte de *Segur*, le Comte de *Clare*, le Duc de *Biron*, le Marquis de *Bafleroy*, de *Zurlauben*, le Comte de la *Riviere*, le Marquis de *Chifreville*, le Marquis de *Pont-chartrain*, le Marquis de *Marigane*, le Mar-quis d'*Hautefort*, de *Mongibault*, le Comte de *Trefmes*, le Marquis de *Jumilhac*, le Duc de *Briffac*, le Comte de *Courtomer*, le Duc de *Boufflers*, le Marquis d'*Avarey*, de *Contades*, & le Comte de *Fitz-James*.

M. de Valliere commanda l'artillerie, & le Comte d'*Aumale* le génie

(e) F o r t des Pays-Bas dans la Flandre Autrichienne, entre Ypres & Furnes, à 2 lieues & demie de Dixmude.

CHAPITRE

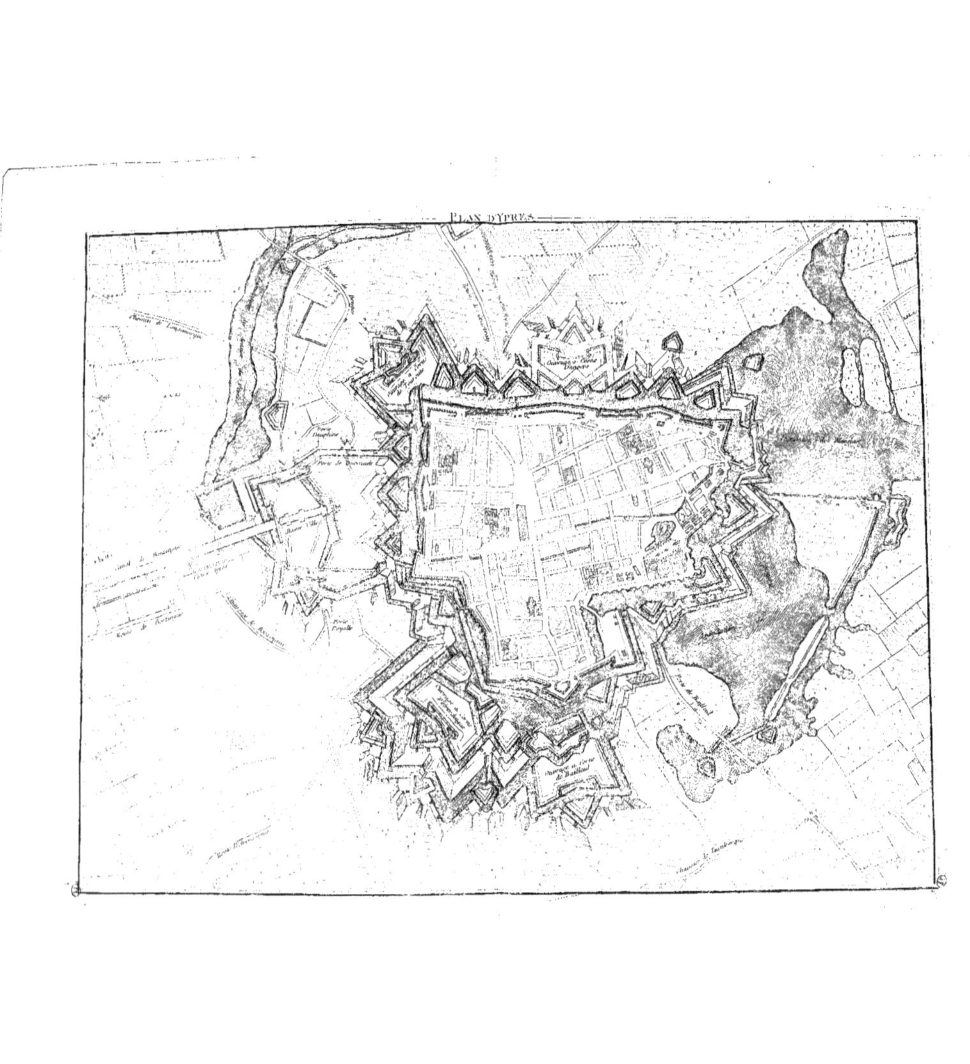

PLAN D'YPRES

Avantages remportés
par le Marechal de Coigny
a WEISSEMBOUR. le 5.
Juillet 1744.

# CHAPITRE TROISIÉME.

*Avantages remportés par le Maréchal de* Coigny *,
à* WEISSEMBOURG.

LES victoires de LOUIS XV. se suivirent de si près, qu'on les attribua autant à la main bienfaisante de la divinité, qu'à l'industrie & au courage de l'homme : une ville avoit à peine capitulé, que le lendemain on aprenoit la défaite d'un parti considérable des ennemis, & chaque jour éclairoit de nouveaux triomphes.

AUSSI-TOST que le Roi fut informé des desseins du Prince Charles de Lorraine, & qu'il eut appris que les ennemis avoient passé le Rhin ; SA MAJESTÉ chargea le Maréchal de *Coigny*, de rassembler les troupes qu'il avoit sous ses ordres : ce Général se mit en marche, & arriva près de Weissembourg (*a*) où sa prudence l'arrêta ; parce que les ennemis s'en étoient emparés, ainsi que de Lauterbourg, (*b*) de toute la partie gauche des lignes de la Lauter, & de plusieurs villages de la plaine.

SI les passions sont louables dans un Général, ce n'est que lorsqu'elles tendent à la gloire de son Roi, & au salut de la patrie, comme nous l'apprend en cette occasion, le Maréchal de *Coigny*. Ce Héros animé du désir de voir bientôt les ennemis se repentir de leur témérité, résolut de les attaquer dans tous leurs postes, & dans toutes leurs lignes ; il donna ses ordres pour former trois attaques : le Marquis de *Montal*, le Marquis de

---

(*a*) WEISSEMBOURG, ville de France en Alsace, au Pays de Wasgaw. Elle étoit autrefois libre & imperiale ; mais e'le fut cédée à la France par la paix de Riswick, & LOUIS XIV. en fit démolir les fortifications. Elle est sur la Lauter, à 4 lieues de Landaw, 9 de Philisbourg, 13 de Strasbourg & 105 de Paris.

(*b*) LAUTERBOURG est une petite ville de France, en basse Alsace sur la Lauter, à une demie lieue du Rhin, & 10 de Strasbourg. Il y a entre cette place & Weissembourg des lignes fameuses.

C

*Brun*, & le Marquis de *Maulevrier*, furent chargés de l'attaque de Weiſſembourg ; le commandement de l'attaque d'un moulin, dans lequel les ennemis s'étoient retranchés, fut donné au Marquis de *Clermont-Tonnerre*, qui avoit ſous ſes ordres le Marquis de *Reffuges*, & le Prince de *Pons* ; le Comte de *Seckendorf* & M. de la *Brunie*, ſe chargerent de la troiſiéme attaque, auſſi redoutable que les deux autres, c'étoit celle du village d'Alſtatt.

L E s troupes commandées pour ces trois attaques, marcherent en même-tems : l'ardeur, le zèle & le courage étoient peints dans les yeux des ſoldats, & ne laiſſoient rien à déſirer aux Officiers qui les commandoient ; mais, quoi de plus intéreſſant pour leur Général, lorſqu'il ſe vit diſpenſé de ſe ſervir du canon qu'il avoit fait avancer devant Weiſſembourg, puiſque ce poſte fut emporté l'épée à la main ! L'attaque du Moulin eut un égal ſuccès, les retranchemens que les ennemis y avoient pratiqués furent renverſés, ils ſe retirerent en déſordre, & avec la plus grande précipitation dans le village d'Alſtatt, où le Comte de *Seckendorf* les attaqua avec tant de fermeté, qu'ils furent contraints de l'abandonner.

L E Maréchal de *Coigny* entra par trois endroits dans les lignes, ce Général vainqueur de ſes ennemis, campa dans la plaine avec toute l'armée ; il appuya ſa gauche au village d'Alſtatt, & ſa droite à la hauteur de Cockzberg : cette action diminua les troupes de la Reine de Hongrie de plus de 3000 hommes, ſix cens furent faits priſonniers dans Weiſſembourg, & l'on y prit deux drapeaux. (*a*)

___

(*a*) L'ACTION ſe paſſa le 5 Juillet 1744. la perte des François ne fut pas conſidé- rable, le Marquis de la *Tour du Pin* y fut bleſſé, mais légérement.

SIEGE DE FURNES
le 10. Juillet
1744.

# CHAPITRE QUATRIÉME.

### *Prife de Furnes.*

LE Comte de *Clermont* ayant été choifi pour foumettre la ville de Furnes (*a*) au pouvoir de fon Roi, s'avança vers cette place, avec les troupes qu'il commandoit, & en fit l'inveftiffement. Ce Prince établit fon quartier à l'Abbaye des Dunes, (*b*) qu'il couvrit d'un corps de troupes en état de repouffer avec fuccès, les détachemens que les ennemis pouroient faire fortir de Niewport ; il appuya fa gauche à la hauteur de l'ancienne Abbaye des Dunes, s'étendit enfuite fur Valpen, & porta fa droite à une maifon fituée près du Pont de Vaeft-Brugge, fur le Canal de Loo, à Niewport.

TELLE étoit la pofition des troupes envoyées pour affiéger Furnes, lorfque le Comte de *Clermont* forma deux attaques devant cette ville ; la principale fut du côté des Dunes, & l'autre par la porte d'Ypres.

LA tranchée ne fut pas plutôt ouverte devant la place, que les travaux furent portés à très peu de diftance de la paliffade & du chemin couvert ; mais plus ces travaux avancerent, plus le feu des ennemis augmenta : après quelques jours de tranchée, & malgré le feu violent des Affiégés, on parvint à l'établiffement d'une batterie de vingt-cinq pieces de canon, &

<br>

(*a*) FURNES, ville forte des Pays-Bas, capitale de la Chatellenie de Furnes, dans la Flandre. Elle fut prife par *Robert*, Seigneur d'Artois en 1287, par les François en 1488, par les Efpagnols en 1583, par les François en 1672, rendue à la Maifon d'Autriche, par les traités d'Utrecht, de Raftadt & de Bade. Elle eft proche la Mer, à 2 lieuës de Niewport, 3 de Dixmude, 5 de Dunkerque, & 64 de Paris.

(*b*) LES Dunes font des collines de fable qui bordent quelques côtes de l'Océan, & qui lui fervent de bornes pour garantir le pays voifin des inondations. On donne particulierement ce nom aux côtes de Flandre, entre Dunkerque & Niewport ; M. *de Turenne* gagna auprès une bataille, en 1658.

de quinze mortiers ; le feu de ces batteries ne rallentit pas fur
le champ celui de la place ; les grands périls auxquels les travailleurs fe trouverent expofés , & la mort même de plufieurs
d'entr'eux n'ébranlerent point la fermeté de ceux qui refterent :
les batteries françoifes furent fi bien fervies , que leur feu fit
ceffer en très peu de tems celui de l'artillerie des ennemis ; enforte que les travailleurs n'eurent plus à redouter que la moufqueterie.

L E S travaux furent enfuite portés fi près du chemin couvert , que les Affiégés l'abandonnerent ; les grenadiers en occuperent les angles faillans , & s'y logerent avec la hardieffe qui
leur eft naturelle. Les habitans de Furnes, s'apperçevoient déja
de la ruine prochaine de leur ville, ils trembloient même pour
leur fortune & pour leurs jours ; lorfque le Gouverneur , craignant qu'une plus longue réfiftance ne lui coutât bien cher ,
fit arborer le drapeau blanc & demanda à capituler.

L E Comte de *Clermont* fufpendit les travaux , & informa le
Roi du fuccès de fes armes : ce Prince reçut les ordres de Sa
Majefté , & la capitulation fut fignée. (*a*)

Q UELLE attention le Monarque n'eut-il pas pour augmenter
fa gloire ! femblable à Thémiftocle qui ne pouvoit dormir lorfqu'il penfoit aux triomphes de Miltiade , il envoyoit tous les
jours des Aydes de camp , qui lui rendoient compte fucceffivement de l'état des travaux.

( *a* ) INVESTISSEMENT de Furnes , le 29 Juin 1744 , la tranchée fut ouverte devant cette place , le 7 Juillet , & le Gouverneur capitula le 11. La capitulation fut , que la garnifon fortiroit avec les honneurs de la guerre , qu'elle emmeneroit 4 pieces de canon , & deux obuts aux armes des Etats Généraux , & qu'elle feroit conduite fur le Canal de Bruges , pour aller enfuite à fon choix au fort de l'Eclufe , ou à Breda. Le 13 , la garnifon fortit de la ville par la porte de Niewport , & défila devant le Roi ; SA MAJESTÉ entra enfuite dans cette ville , & les Magiftrats lui en préfen-terent les clefs.

LES Officiers Généraux qui monterent la tranchée , furent Meffieurs , le Marquis de *Maubourg* , le Marquis de *Segur* , le Duc de *Biron* , le Comte de *Lowendal* , le Comte de *Daulnay* , le Comte de *Cha-bannes* , le Comte de *Clare* , le Marquis de *Pontchartrain* , le Comte de *Trefmes* , le Marquis de *Contades* , le Duc de *Chevreufe* , le Marquis d'*Avarey* , le Comte de *Fitz-James* , & le Baron d'*Eftrées*.

CHAPITRE

Retranchemens
de Suffelsheim forcés le 23. aoust 1744.
le Prince Charles obligé de repasser
le Rhin.

# CHAPITRE CINQUIÉME.

## Les Retranchemens de SUFFELSHEIM, forcés.

L'INTÉREST de la patrie exigeant que le théatre de la guerre, où le ROI se proposoit de paroître en personne, fût plus élevé que celui où ses armes venoient d'être victorieuses, il résolut de faire défiler des troupes vers la Moselle. (*a*) Le Duc *d'Harcourt*, à la tête de celles qu'il commandoit, marcha entre la Meuse (*b*) & la Sambre (*c*) ; un détachement de l'armée du Roi se rendit à Metz, le Monarque précéda de quelques jours l'arrivée de ce corps de troupes, & tomba malade. (*d*)

PLUS les trésors sont précieux, plus la crainte de les perdre trouble l'imagination de ceux qui y sont attachés : la maladie du ROI étant devenue serieuse, causa de mortelles allarmes à toute sa Cour ; la tristesse la plus accablante s'empara du cœur de ses Généraux, & la paleur inconnue pour eux couvrit leurs fronts redoutés ; les camps retentirent du cri lugubre des soldats, tout le Royaume enfin eut recours aux prieres & aux larmes.

SI l'on a vu du tems des Grecs & des Romains, une éclipse de soleil ou de lune, troubler des armées entieres, & remplir de terreur & d'effroi l'ame des Commandans, la crainte qu'eurent les François de voir éclipser le soleil qui animoit le cœur

---

(*a*) LA Moselle, riviere de France, qui prend sa source au Mont des Faucilles, dans la Vosge, & se perd dans le Rhin auprès de Coblentz.

(*b*) LA Meuse, grande riviere qui prend sa source en France dans le Bassigni, près du village de Meuse, passe dans les Evêchés de Toul & de Verdun, la Champagne, le Luxembourg, le Comté de Namur, les Pays-Bas, & se jette dans l'Ocean, entre la Brille & Gravesende. Le Maréchal de *Vauban*, avoit projetté de faire un canal pour joindre la Moselle à la Meuse, par le moyen d'un ruisseau qui tombe dans la Moselle, à Toul, & d'un autre qui se perd dans la Meuse, au-dessus de Pagny.

(*c*) LA Sambre, riviere de France & des Pays-Bas, qui prend sa source près du village de Novion, en Picardie, & se jette dans la Meuse à Namur.

(*d*) LE ROI tomba malade à Metz, le 8 Août 1744.

D

des foldats , fut inexprimable : leur trouble éclata en longs gémiffemens , les temples faints s'agiterent , les offrandes accablerent les lévites , les portiques furent noyés de pleurs , & l'encens & les larmes porterent au pied du fanctuaire les vœux les plus ardens , & les douleurs les plus vives. Les fanglots ébranlerent le tabernacle facré , la mort s'échapa dans l'abîme , la voix du Roi fe ranima , & ce Monarque reparut plus cher aux yeux d'un peuple qui l'adore.

L'HEUREUX évenement du rétabliffement de la fanté du Roi fit ceffer toutes les allarmes , & les opérations de la guerre continuerent.

APRÉS que les troupes parties de Flandre pour fe rendre fur le Rhin , & que celles qui étoient fous les ordres du Duc *d'Harcourt* , eurent joint l'armée commandée par le Maréchal de *Coigny* ; elles fe mirent toutes en marche , & arriverent au camp de Brumpt , où elles féjournerent ; le Maréchal de *Noailles* détacha enfuite trois corps de troupes compofés chacun de 2000 hommes d'infanterie , & de 1000 chevaux , dont il donna le commandement au Chevalier de *Belleifle* , au Comte de *Lowendal* , & au Comte de *Berchini*. Ces détachemens , envoyés à propos , inquieterent fi fortement l'arriere garde des ennemis , qu'ils fe retirerent à mefure que l'on avança fur eux. Le Comte de *Lowendal* paffant par Drufenhaim , ( *e* ) que les ennemis avoient abandonné , y trouva quatre pieces de canon , & ce Général y apprit que leur retraite précipitée les avoit forcés de jetter dans la Moter , fept à huit cent fufils , & un nombre confidérable de barils de poudre. Les deux autres détachemens pafferent cette riviere à Kalkenhaufem , & s'avancerent du côté du Fort Louis , ( *f* ) par Schiren & par Suffelsheim.

---

( *e* ) DRUSENHAIM , petite ville fortifiée d'Alface , fur la Moter , près du Rhin , à 4 lieues de Strafbourg , & 1 lieue & demie du Fort Louis. Les Impériaux la prirent en 1704 , les François , en 1706 , après 2 jours de tranchée ouverte.

( *f* ) LE Fort Louis , place forte de France , en Alface , bâtie par Louis XIV. dans une Ifle formée par le Rhin , à 8 lieues de Strafbourg & de Landaw , 12 de Philifbourg , 20 de Brifach , 5 de Weiffembourg , & 107 de Paris.

L E Maréchal de *Noailles* , informé que les ennemis occupoient ce dernier poſte , & qu'ils y étoient retranchés derriere
des abbatis d'arbres , fit partir auſſitôt de nouvelles troupes &
du canon , ſous les ordres du Comte *d'Eu ,* & du Marquis de
*Clermont-Tonnerre* , pour ſoutenir le Chevalier de *Belleiſle* & le
Comte de *Berchini* , qui attaquerent les ennemis dans leurs
retranchemens ; les quatre à cinq mille hommes qui les défendirent , commandés par le Prince de *Bade-Dourlach* , ne purent
réſiſter plus d'une heure : ces retranchemens furent emportés
l'épée à la main , & les ennemis pourſuivis juſqu'a l'entrée de
la petite plaine , qui ſepare la forêt d'Hagueneau (*g*) d'avec
Suffelsheim.

C E premier triomphe fut bientôt ſuivi d'un autre ; le Chevalier de *Belleiſle* rallia ſes troupes , la multitude d'ennemis ,
qui étoient dans Suffelsheim , ne l'effraya point ; ce Général
attaqua le village , quoique paliſſadé , & s'en empara ; un ſeul
jour ſuffit à de ſi glorieux ſuccès.

L E lendemain avant le lever du ſoleil , l'armée du Roi
commençoit à paſſer le défilé pour marcher à Bensheim , (*h*)
lorſque les François apprirent que le Prince *Charles* avoit repaſſé
le Rhin , & brulé ſes ponts. (*i*)

(*g*) HAGUENEAU , ville de France , en Alſace , capitale d'un Baillage de même nom , autrefois Impériale : les François la prirent en 1673 , les Impériaux en 1702 , les François en 1703 , les Impériaux en 1704 & en 1705 , après que le Prince *Louis de Bâde* eut forcé les lignes des François , qui la reprirent en 1706. Elle eſt ſur la Moter qui la diviſe en deux par-ties , à 5 lieues de Straſbourg , 6 de Bâde , 10 de Landaw , & 102 de Paris.

(*h*) BENSHEIM , petite ville d'Allemagne dans le dioceſe de Mayence , ſur un ruiſſeau à 4 lieues de Worms , & 3 d'Armſtad.

(*i*) LES troupes de l'armée du Roi , firent des prodiges de valeur dans les deux atta-ques des retranchemens , & du village de Suffelsheim : ces actions ſe paſſerent le 23 Août 1744 : la perte des ennemis monta à plus de 3000 hommes , parmi leſquels on ne comptoit point un grand nombre de priſonniers ; il y eut du côté des François environ 200 hommes tués ou bleſſés : le *Grand Prieur de France* reçut un coup de fuſil dans la cuiſſe ; M. de *Fremur* , Maré-chal de Camp , fût bleſſé dangereuſement , ainſi que M. *Quenault de Clermont* , Maré-chal de Camp & Ingénieur , qui mourut enſuite de ſes bleſſures ; M. de la *Serre* , Lieutenant Colonel du Régiment du Roi , Infanterie , fut auſſi bleſſé ; M<sup>rs</sup> *Duillet* , Capitaine aux Gardes , *Damfreville* , Lieu-tenant de Grenadiers , & le Chevalier de la *Coſte Meſſeliere* , Officier dans le même Régiment , furent tués.

## CHAPITRE SIXIÉME.

### *Prife de FRIBOURG.*

LES conquêtes de Flandre furent auffi rapides qu'importantes, nul effort ne fut vain, les ennemis déconcertés, reconnurent leur foibleffe, & n'oferent pas fe préfenter à force ouverte ; ils crurent pouvoir entreprendre plus heureufement où le Monarque n'étoit pas, ils furprirent des paffages pour pénétrer dans fes états ; mais la valeur de fes troupes lui donna le tems de voler à leur fecours : ni le regret d'interrompre de fi brillantes conquêtes, ni l'éloignement des lieux, ne purent retenir SA MAJESTÉ, & après avoir échappé aux dangers d'une maladie rigoureufe, qui avoit allarmé tous fes peuples, elle arriva près de Fribourg, (a) dont elle fit le fiége.

LE ROI choifit le Maréchal de *Coigny*, pour commander fous lui, & l'armée fut partagée en quatre divifions ; le Marquis de *Montal* commanda la premiere, & les trois autres marcherent fous les ordres du Duc *d'Harcourt*, du Comte de *Clermont*, & du Duc de *Gramont*.

LE Duc *d'Harcourt* s'avança vers le vieux Brifach, (b) & s'en empara ; les trois autres Officiers Généraux, à la tête de

---

(a) FRIBOURG, grande & très forte ville d'Allemagne, capitale du Brifgaw, fondée en 1120. Elle eft remarquable par fon Univerfité, & par la tour de la grande églife, qui excepté celle de Strafbourg, eft la plus belle de toute l'Allemagne. On y polit très bien le criftal, les grenats, & les autres pierres précieufes. Elle a de bons forts & a fouffert plufieurs fiéges. Le Maréchal de *Crequi* la prit en 1677. Elle fut rendue à l'Empereur par le traité de Rifwick. Le Maréchal de *Villars* la prit en 1713, après un fiége fort opiniatre, elle fut rendue en 1714 : elle eft fur la Trifen, à 4 lieues de Brifach, 9 de Bâle, 12 de Strafbourg, & 100 de Paris.

(b) LE vieux Brifach, ville d'Allemagne autrefois capitale du Brifgaw, & Impériale. Les François la prirent en 1638, après un long fiége & plufieurs combats. Elle fut rendue à la Maifon d'Autriche, par la paix de Rifwick, en 1697. Les François la reprirent, en 1703, & la rendirent à la Maifon d'Autriche, par le traité de Bade, en 1714. Elle eft fur le Rhin, à 12 lieues de Strafbourg, & 11 de Bâle.

leurs

SIEGE DE FRIBOURG
et des Chateaux, rendus le
... 25. 9bre 17..

leurs divisions arriverent succeffivement devant Fribourg , qui se trouva entiérement investi. (c)

Après que les troupes destinées à former le siége , eurent pris une position certaine ; le Maréchal de *Coigny* alla reconnoître la ville ; rien n'échappa aux lumieres ni à l'expérience de ce Général , pour les difpofitions d'une si grande entreprise ; fur le recit qu'il fit au Roi , Sa Majesté décida que cette place feroit attaquée du côté de la riviere de Trifen & de la porte de Suabe , afin d'embraffer par cette attaque , le baftion de S. Pierre , celui du Roi & celui de la Reine : on fit occuper la chapelle des Milles , & l'on établit une communication de la droite de l'attaque , jufqu'aux poftes les plus éloignés de la gauche ; mais quels obftacles ne fallut-il pas furmonter ?

Comme la riviere de Trifen paffoit entre la place , & l'endroit où l'on avoit déterminé de commencer l'attaque ; il fallut ouvrir un canal pour détourner le cours de cette riviere , & pour la fureté de ce canal , conftruire de diftance en diftance des redoutes , & pratiquer des communications entre les ouvrages.

Sa Majesté voyant que cinq jours entiers de travail n'avoient pû rendre le canal en état de recevoir les eaux de la riviere, refolut de s'en fervir pour former une premiere parallele ; quelques ouvrages furent enfuite pouffés plus loin pour communiquer à une feconde parallele ; les troupes monterent la tranchée en corps de régimens , & elles y arborerent les drapeaux. (d)

Si la perfévérance eft ue vertu par laquelle le guerrier magnanime perfifte dans les entreprifes , qui tendent à défendre la patrie confiée à fes foins , combien doit - on admirer celle du Monarque des François ; puifqu'il ne fut rebuté , ni par la longueur du tems , ni par l'effroi des dangers , qui s'oppoferent à la confommation de fes glorieux projets.

Que de troupes ne fallut-il pas employer , pour vaincre la réfiftance des ennemis ! Douze bataillons & fept compagnies de Dragons , commandés par un Lieutenant Général & un Maréchal

(c) Le 19 Séptembre 1744.　　|　(d) Le 30 Séptembre 1744.

E

de Camp, monterent d'abord la tranchée, qui ne fut enfuite relevée que par dix bataillons , avec le même nombre de compagnies de Dragons ; on ajouta feulement aux Officiers Généraux qui y commandoient, un fecond Maréchal de Camp, afin qu'il y en eût un à la droite , & un autre à la gauche.

Pendant les premiers ouvrages de l'attaque , on travailla à l'établiffement des batteries : la plus grande partie eut été en état de faire feu peu de jours après , fi Sa Majefté n'eût pas décidé qu'il feroit plus avantageux de les faire tirer toutes enfemble.

Aprés que ces batteries furent placées comme on l'avoit défiré , leur feu rallentit bientôt celui des Affiégés ; les batteries de la ville & celles du fort, connu fous la dénomination de l'Efcargot, furent démontées , & les ennemis ne tirerent plus que des châteaux.

La force des eaux , que les pluies continuelles augmenterent de jour en jour, endommagea la digue qui avoit été conftruite pour détourner le cours de la riviere ; le travail redoubla , cet obftacle fut furmonté & ne retarda point les ouvrages contre la place : on paffa la riviere avec le fecours de plufieurs ponts , fur des chevalets , & l'on fit avancer des fappes près du chemin couvert.

Que de vertus Sa Majesté ne fit-elle pas paroître pendant ce fiége ! fi la conftance eft une fermeté de cœur dans l'ame des Héros , qui les rend incapables de fe négliger , ou de les faire paffer d'une réfolution à une autre ; le Monarque conftant & vertueux , & fes Généraux prudens & habiles , furent inébranlables , ils ne fléchirent point , & continuerent toujours fur le même plan , fans s'épouvanter du travail , & fans s'affoiblir à la vuë des obftacles qu'ils rencontrerent.

Les deux forties , que les Affiégés tenterent en même-tems fur les deux attaques , ne leur réuffirent pas ; (e) les Grenadiers allerent au fecours des travailleurs , & repoufferent les ennemis

______

(e) Ces deux forties fe firent pendant | la nuit du 14 au 15 Octobre 1744.

jufqu'à leurs paliffades ; ces derniers firent alors du chemin couvert & du rempart un feu continuel de moufqueterie , & jetterent une fi grande quantité de bombes dans ce terrein rempli de pierres , que beaucoup de François furent tués & bleffés. ( *f* )

LES travaux des differentes fappes , ayant été portés à très peu de diftance du chemin couvert , on crut pouvoir l'attaquer ; une nuit obfcure (*g*) fembloit favorifer ce noble projet ; mais il furvint une pluie fi confidérable , qu'on ne put s'occuper , même le jour fuivant , qu'à perfectionner les ouvrages.

LORSQUE tout parut bien difpofé pour l'attaque des angles faillans du chemin couvert , le débordement de la riviere de Trifen , entraîna les ponts que les François avoient conftruit : malgré cet accident , qui fépara du refte de la tranchée les grenadiers & les piquets , ces angles faillans furent attaqués avec tant d'ardeur & de courage , (*h*) que les ennemis plierent fous les efforts des Affiégeans.

LA valeur eft une des parties principales qui rendent l'homme magnanime , & cette vertu convient parfaitement aux Généraux d'armées ; mais la force du corps , l'adreffe & la générofité , font également néceffaires : le courage tient contre les apparences du péril , en affermiffant le cœur ; la force & la fanté du corps fervent de bras, pour exécuter les projets les plus difficiles ; l'adreffe foutient le courage & la force , enfin la générofité raffemble toutes ces qualités différentes pour les réduire en pratique.

LES François ne fe contenterent pas d'avoir chaffé les ennemis de leurs ouvrages , ils y établirent un logement ; ni le feu continuel de la moufqueterie , ni les bombes qui firent encore perir quelques Ingénieurs & un grand nombre de foldats , ne rallentirent point leur zèle.

---

(*f*) LE Chevalier de *Courtomer* , le Marquis *d'Avernes* , Lieutenant au régiment des Gardes Françoifes , deux Ingénieurs & quelques Officiers furent tués.

(*g*) C'ÉTOIT la nuit du 17 au 18 Octobre.

(*h*) LE 19 Octobre , à 10 heures du foir.

C E logement ne fut pas plutôt établi, que les Affiégés revinrent occuper les deux angles rentrans de la droite & de la gauche ; ils y furent attaqués (*i*) par le régiment des Gardes & celui du Roi, qui étoient fous les ordres du Marquis de *Reffuges*, du Comte de *Trefmes*, & du Marquis de *Contades* ; cette attaque, où toutes les troupes donnerent les plus grandes marques de valeur, eut autant de fuccès que la précédente, & les ennemis furent forcés d'abandonner le chemin couvert.

L'A C T I O N finie, on ne s'occupa plus qu'à pratiquer des logemens de traverfe, & à perfectionner les autres : les ponts renverfés une feconde fois par la force des eaux, & la fonte des neiges furent rétablis, & l'on forma une nouvelle parallele.

A P R É S que les François furent les maîtres abfolus du chemin couvert, ils attacherent le mineur aux ouvrages de la contref-carpe, découvrirent deux fougaffes, continuerent la derniere parallele, & placerent auffi avantageufement qu'ils le defire-rent, les batteries qui devoient battre en breche le corps de la place.

T O U T E S ces grandes & belles opérations furent faites, malgré la vigoureufe réfiftance des ennemis, le mauvais tems, & tant d'autres difficultés qui fe multiplierent de jour en jour; mais plus les travaux de la guerre font penibles, plus les fuccès font glorieux.

L E Maréchal de *Coigny* rendoit compte au Roi tous les jours du progrès des travaux, & en recevoit les ordres : les eaux devenues baffes, (*k*) on fçut profiter habilement de cette heureufe circonftance, on fit paffer de l'autre côté de la riviere du canon, des pierriers & des mortiers pour répondre & pour impofer à ceux des Affiégés ; d'autres batteries furent établies contre les faces du baftion du Roi, contre celles de la demi-lune, & contre chaque flanc : mais dans le même tems une

---

(*i*) L E 20 Octobre, à 8 heures du foir.
(*k*) L E s eaux devinrent baffes le 25 Octobre, le lendemain 26, le Prince de *Soubife* étant de tranchée, une pierre lui caffa le bras, il fut tranfporté au quartier général, le Roi en fut touché, & l'alla voir le lendemain.

du

bombe jettée avec adreffe par les Affiégés , enfonça une gallerie du travail des mines que les Affiégeans avoient deftinées pour faire fauter la contrefcarpe.

L E s François ne jouirent pas longtems de la diminution des eaux ; une pluie abondante augmenta confidérablement la riviere ; la digue , la tête du canal , & tous les ponts , qu'ils avoient déja tant de fois rétablis , furent emportés : les efforts redoublerent , les ponts furent reparés , & ce facheux événement , n'empêcha pas nos guerriers audacieux , de s'approcher des châteaux où le canon avoit fait bréche.

T o u t annonçoit un triomphe éclatant , & le feu des ennemis devenoit plus terrible , lorfque l'intrépidité conduifit le Monarque à la chapelle des mille , pour reconnoître les ouvrages de la tranchée , (*l*) & le progrès des batteries qui battoient en bréche : S a M a j e s t é vifitant les travaux , s'apperçut que les defcentes du foffé de la gauche étoient fort avancées ; enforte qu'elle décida que celles de la droite , qui avoient été abandonnées , feroient repiifes , & que le travail des mines qui avoit été derangé , feroit reparé.

L e s ordres du Roi ponctuellement exécutés , les batteries furent établies fur le chemin couvert : à peine eurent-elles commencé à battre en bréche , que le feu des ennemis redoubla , & qu'ils démafquerent une nouvelle batterie , qui fit un feu continuel fur celle des François , & fur leurs ouvrages.

L e s nouvelles forces des Affiégés , n'empêcherent pas l'artillerie du chemin couvert , de faire deux bréches au baftion du Roi , ni plufieurs compagnies de grenadiers d'y monter ; (*m*) mais une pluie exceffive ayant retardé l'arrivée des travailleurs , & le feu que les ennemis firent de leurs remparts étant trop violent , nos intrépides guerriers ne purent demeurer longtems dans ce baftion ; il fallut les en retirer , & l'on ne put enfuite fe loger que dans une des demi lunes de la place.

(*l*) L e R o i alla le 29 Octobre , à la chapelle des mille.

(*m*) C'é t o i t la nuit du 2 au 3 Novembre.

F

CE Logement établi, le Maréchal de *Coigny* alla reconnoître la ville, & informa le Roi de toutes les opérations de ce siége fameux ; SA MAJESTÉ ordonna à son Général, d'étendre le front de l'attaque, d'embrasser le bastion de la Reine, & de le battre en bréche, tandis qu'on élargiroit par d'autres batteries les deux bréches du bastion du Roi, afin de les rendre praticables, pour un nombre de troupes plus considérable, que celui qu'on y avoit déja fait monter.

LE Maréchal de *Coigny* retournoit à son quartier, pour y publier les ordres du Monarque, & les faire exécuter, lorsque le Gouverneur de Fribourg lui envoya un Officier, pour lui proposer de suspendre toutes hostilités, jusqu'au retour d'un courier qu'il désiroit d'envoyer à Vienne ; cette proposition fut rejettée ; la constance du Maréchal de *Coigny*, jointe à la fermeté de son esprit, & soutenue par l'expérience, ne lui permirent pas de prendre le change, ni de passer d'une résolution à une autre, au préjudice des ordres qu'il avoit reçus de son Roi.

LE feu des batteries Françoises alloit recommencer ; mais le Gouverneur de Fribourg, hors d'état de résister plus longtems, fit arborer le drapeau blanc sur la bréche : ce Commandant fut présenté au Monarque victorieux, qui le reçut avec les marques de cette bonté, qui lui concilie l'amour de ses peuples ; & les articles de la capitulation furent ensuite dressés & signés chés le Roi. ( *n* )

(*n*) LE 5 Novembre, le Gouverneur de Fribourg arbora le drapeau blanc ; la capitulation fut dressée & signée chés le Roi, le 6. Il fut convenu par cette capitulation que la ville de Fribourg seroit remise sur le champ au pouvoir de Sa Majesté, avec l'artillerie & les munitions de guerre qui s'y trouvoient, que les malades & blessés seroient prisonniers de guerre, que le surplus de la garnison se retireroit dans les châteaux, entre lesquels & la ville il y auroit une suspension d'armes de quinze jours, pour attendre le retour d'un courier que le Gouverneur envoyeroit à Vienne, pour y prendre les ordres de la Reine de Hongrie.

LES châteaux de Fribourg se rendirent le 25 Novembre, & la garnison fut prisonniere de guerre.

LES Officiers Généraux qui commanderent la tranchée pendant le siége, furent Mrs. le Duc de *Biron*, le Comte de *Lowendal*, le Marquis de *Brun*, le Marquis de *Reffuges*, le Marquis de *Basteroy*, le Comte de *Chabannes*, le Duc de *Boutteville*, le Duc de *Richelieu*, le Comte du *Chatelet-*

CET augufte Héros , après avoir vainçu la mort dans la
ville de Metz , & fes ennemis au fiege de Fribourg , revint
dans fa capitale , où il fut reçu avec les honneurs du triomphe
qui lui avoient été préparés ; fon arrivée fut célebrée par des
acclamations , qui exprimoient la fatisfaction publique : Tout
refpiroit la joye , le commerce fut fufpendu , les tribunaux
interrompirent leurs fonctions , les boutiques des artifans furent
fermées pendant plufieurs jours , & les fpectacles ouverts à tous
les états ; enfin des arcs de triomphe furent élevés à l'honneur du Monarque , & tous fes Sujets , que l'amour , le zéle &
le repect attachent à leurs Princes , fembloient fe difputer , à
la fois & à l'envie les uns des autres , la gloire d'avoir été les
premiers , qui lui euffent donné le furnom de LOUIS LE
BIEN-AIMÉ.

VOILA , comment les cœurs François firent éclater leur
joie , tout le tems qu'ils poffederent SA MAJESTÉ dans la
capitale , quel fut le fuccès de la premiere campagne , & tout ce
qui fe paffa en Flandre , fur le Rhin & en Allemagne , tandis que
l'Infant *Dom Philippes* & le Prince de *Conti* agiffoient contre les
Piémontois. Quoique ces peuples euffent fortifié toutes les
avenues de leur pays ; quoiqu'ils euffent fait des retranchemens
de pofte en pofte , dans les vallées de Sture , de Mayre , de
Château-Dauphin , & des barricades depuis le Fort de Demont ,
le long du Var , fur les montagnes de Nice & de Montalban ;
quoiqu'ils fuffent pourvus d'une nombreufe artillerie , qu'ils
euffent rompu les paffages , accumulé dans les pentes des mon-

---

*Lomont*, le Marquis de *Rieux* , de *Sallieres* ,
le Marquis de *Clermont-d'Amboife* , le Marquis de *Croiffy* , le Duc de *Boufflers* , le
Duc de *Chartres* , le Marquis de *Montal* ,
le Marquis de *Balincourt* , le Marquis de la
*Farre* , le Marquis de *Clermont-Tonnerre* , le
Marquis de *Louvigny* , le Comte de la
*Riviere* , le Comte de *Maulevrier* , le Marquis de *Jumilhac* , le Comte de la *Mark* ,
le Comte de *Courtomer* , le Duc de *Randan* ,
le Comte de *Trefmes* , le Marquis de

*Contades* , le Duc de *Briffac* , le Marquis
de *Beuvron* , le Marquis de *Montconfeil* ,
le Marquis de *Rubempré* , le Comte d'*Harcourt* , le Duc d'*Aumont* , le Duc d'*Ayen* ,
le Prince de *Soubife* , le Duc de *Picquigny* ,
*Duchanbon* , *Degault* , de la *Brunie* , le
Marquis de *Courtebourne* , le Chevalier de
*Beaumont* , le Chevalier de *Saumery* , le
Comte de *Razilli* , le Marquis de *Danlezi* ,
& le Marquis de *Fremeur*.

tagnes, une quantité prodigieufe de pierres, à deffein d'écrafer les troupes Françoifes & Efpagnoles ; quoiqu'ils fuffent campés le long du Var , foutenus de la flotte Angloife , & qu'enfin la force , l'art & la nature s'oppofaffent au paffage de l'Infant *Dom Philippes* & du Prince de *Conti* ; on verra néanmoins dans le livre fuivant , que ces deux Princes furmonterent tous ces obftacles , qu'ils remporterent des victoires fignalées , & qu'ils foumirent plufieurs places à leur pouvoir.

*Fin du Premier Livre.*

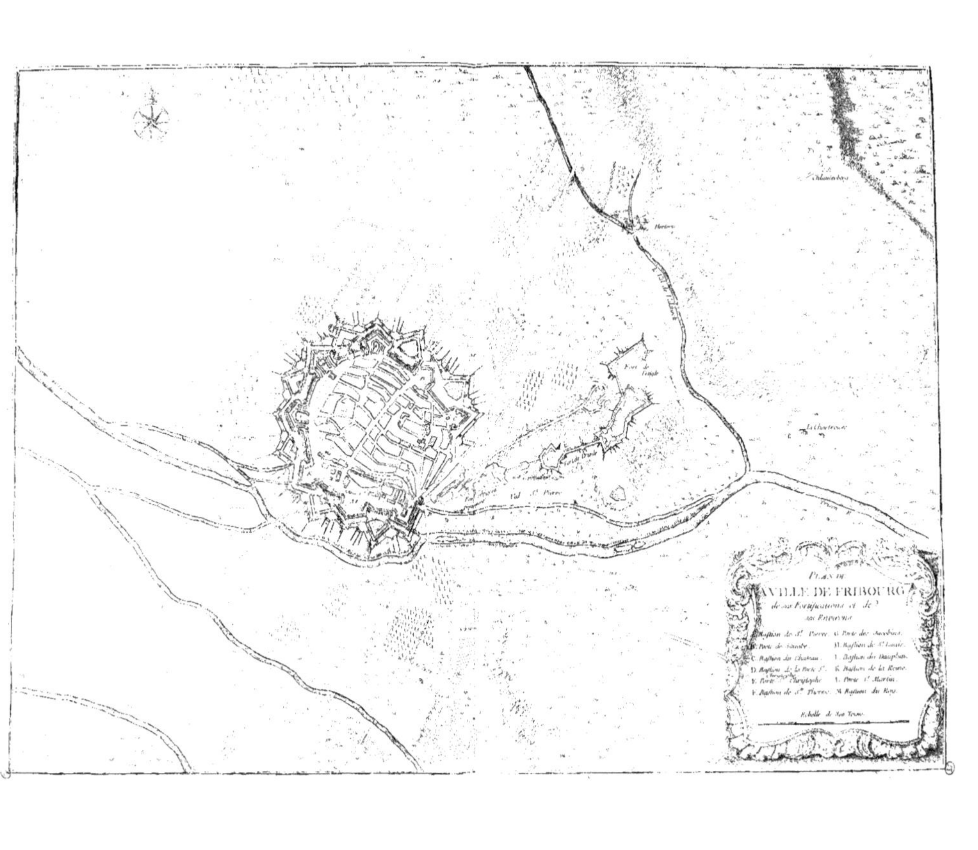

PLAN de
LA VILLE DE FRIBOURG
de ses Fortifications et de
ses Environs

A. Bastion de St. Pierre.
B. Porte de Sarine.
C. Bastion du Chateau.
D. Bastion de la Porte St. Christophe.
E. Porte St. Christophe.
F. Bastion de Ste. Therese.
G. Porte des Jacobins.
H. Bastion de St. Louis.
I. Bastion des Dauphins.
K. Bastion de la Reine.
L. Porte St. Martin.
M. Bastion du Roi.

Echelle de 800 Toises.

# HISTOIRE
### DES
# CONQUESTES
### DE
# LOUIS XV.

## LIVRE SECOND.

### CAMPAGNE DE 1744. EN ITALIE.

AVANT de parler des opérations militaires qu'on vit en Italie pendant la campagne de 1744, il eſt à propos de rapporter ce qui ſe paſſa ſur la Mer Méditerannée, entre les Eſcadres de France jointes à celles d'Eſpagne, & la fameuſe Eſcadre Angloiſe commandée par l'Amiral *Mathews*.

LE Combat naval, dont on ſe propoſe de faire la narration, contient des faits extrêmement intéreſſans ; on peut les conſidérer comme le prélude des hoſtilités ſur terre, qui en ont été la ſuite ; on y reconnoîtra que l'expérience, la bonne

G

manœuvre, & les heureux fuccès des Généraux qui commandoient les Efcadres de France & d'Efpagne, ont juftifié leur
conduite. Quoique celle d'Angleterre les furpaffât en nombre
de vaiffeaux, & qu'elle en eût plus de trente de haut bord,
commandés par un Amiral vertueux & fort expérimenté, les
François & les Efpagnols eurent cependant la gloire, d'empêcher les Anglois de réuffir dans leurs deffeins ; ils furent
même contraints de repaffer le détroit de Gibraltar, & d'aller
chercher dans l'Ocean à s'indemnifer des frais d'un armement
fi confidérable.

COMBAT NAVAL
donné sur la Mer
Mediterrannée le 22 fevrier
1744.

# CHAPITRE PREMIER.

*Combat Naval.*

LA difpofition du tems eft toujours effentielle à la navigation, foit par rapport aux vaiffeaux qui courent les mers pour y combattre leurs ennemis, foit pour y écumer les navires marchands faifant leur route, foit enfin qu'ils ayent été armés pour des voyages de long-cours : dans tous les cas, on doit être en défiance & fe tenir en garde fur un élément auffi inconftant que perfide.

LES Commandans des efcadres de France & d'Efpagne, attendoient avec impatience un vent propre à faire voile, pour joindre & pour attaquer celle d'Angleterre, lorfque celui d'Eft leur paroiffant favorable, les détermina à fortir du fameux port de Toulon. (a) Quelque bonne que fût leur manœuvre, ils ne purent approcher les ennemis le premier jour ; ceux-ci guidés par la prudence & le génie ordinaire des Anglois dans la navigation, voulurent gagner le large, afin de temporifer : le vent tomba, & le calme qui lui fuccéda ayant continué jufqu'au lendemain, obligea les deux Commandans de paffer tout le jour en Panne, (b) & de demeurer dans l'inaction en préfence de leurs ennemis.

L'AMIRAL *Mathews*, favorifé par un vent frais furvenu tout-à-coup, & qu'il avoit attendu, fe difpofa au combat ; ce Général après avoir rangé fes plus gros vaiffeaux fur une ligne, détacha ceux qu'il avoit deftinés pour le corps de bataille, & pour fon avant garde.

LE foleil entroit au milieu de fa courfe, lorfque les Anglois

(a) SORTIE du Port de Toulon, le 20 Février 1744.

(b) EN PANNE, c'eft difpofer deux voiles oppofées l'une à l'autre, enforte que le vent arrête le vaiffeau, & le tient comme fufpendu fur l'onde, fans qu'il puiffe changer de place.

commencerent un combat naval , (*c*) d'une affés grande importance pour faire bouillonner le fang à des hommes fouvent avides
d'une forte de gloire , dont le pillage qui eft en ufage fur mer ,
fait toute la perfpective. (*d*)

L E S ennemis attaquerent l'Efcadre Efpagnole que le change-
ment du vent avoit défprientée ; comme elle n'étoit plus appuyée
par celle de France , cinq vaifleaux Anglois profiterent de leur
féparation , attaquerent par le feu du canon le plus vif le vaifleau
le *Réal* & les navires de fa divifion , tandis que trois autres
gros vaifleaux prirent en flanc le *Terrible* ; M. *Decourt* qui
le montoit , en qualité de Vice-Amiral Commandant des Efcadres de France , joignit à fa prompte manœuvre , le feu de cent
pieces de canon qu'il avoit en batteries ; il répondit aux ennemis
par deux bordées qu'ils effuyerent coup fur coup , fans avoir le
tems de changer de manœuvre , en virant de bord ; & il leur fit
connoître que le nom de *Terrible* que portoit fon vaifleau , lui
convenoit parfaitement , puifqu'ils ne purent refter plus longtems
par fon travers , & qu'ils furent contraints de gagner le large.

P E N D A N T que l'Amiral *Mathews* fe livroit entiérement à
l'ardeur du combat contre le *Réal* , le Commandant François
fit à fon avant garde les fignaux pour virer de bord , (*e*) afin
de foutenir ceux de l'Efcadre d'Efpagne que les Anglois avoient
fait deriver à l'arriere garde ; mais ayant auffitôt réflechi qu'il
étoit fous le vent , dans une pofition fort éloignée , & que la
fumée dont l'air étoit tout obfcurci , empêcheroit fon Vice-
Amiral d'appercevoir fa manœuvre , ce Général prit le parti
d'aller lui-même avec fa divifion fecourir ce vaifleau de trois
ponts & demi.

L E mouvement du Général François fe fit avec la rapidité de

---

(*c*) C E Combat Naval fe donna le 22
Février 1744.

(*d*) L A plupart des gens de mer s'em-
barquent, dans l'efperance qu'on leur per-
mettra d'aller à bord des prifes qu'on y
fera.

(*e*) V I R E R de bord , c'eft changer
la barre du gouvernail, & les amûres des
voiles d'un côté à l'autre , pour faire
prendre au vaifleau une route oppofce
à celle qu'il tenoit.

l'éclair.

le feu de cent canons joint à celui de toute la mousqueterie dont il étoit bien pourvû, & capable d'épouvanter les plus intrépides marins, rallentit tout à coup la vivacité de la manœuvre Angloise & força les ennemis d'abandonner un galion du premier rang, dit *le Poder*, qu'ils venoient d'enlever : ce vaisseau démâté, tout dégréé & prêt à couler bas, avoit amené son pavillon, & les Anglois l'avoient déja amariné. *(f)* Si la fortune parut favoriser les ennemis, ils s'apperçurent bientôt après qu'il n'étoit pas encore tems de chanter leur victoire, & rabbatirent beaucoup de leur fierté, dès qu'ils virent l'Amiral *Mathews* prendre le large pour éviter le feu qui partoit du *Real*, depuis que le Général François étoit venu au secours de ce galion.

CE combat, naval, qu'on doit considérer, comme l'un des plus mémorables de la Mer Méditerranée, cessa entre cinq & six heures du soir ; l'Escadre de France couvrit celle d'Espagne le reste du jour & pendant toute la nuit suivante : M. *Decourt* envoya sans perdre un seul moment des calfats & des charpentiers à *Dom Navarro*, le besoin qu'il en avoit étoit pressant ; ce Général Espagnol moins occupé des blessures qu'il avoit reçûes que d'une inquiétude aussi juste que bien placée de voir qu'il entroit dans son vaisseau beaucoup plus d'eau qu'on n'en pouvoit vuider par les pompes & par les puits, fit travailler non-seulement tout son équipage, mais même tous ses Officiers : il fallut donc en étancher les voies, & boucher les trous de ce vaisseau que les coups de canon à fleur d'eau lui avoient fait ; il fallut aussi radouber le corps d'un navire percé de toutes parts, le ragréer de ses voiles, de ses cordages, & de tous ses apparaux endommagés & coupés dans le combat, tant par les boulets ramés *(g)* que par les chaînes & les lingots de fer.

(*f*) AMARINER un vaisseau, c'est y envoyer de la part du vaisseau victorieux, des Officiers & des Matelots pour le manœuvrer, & ramener ceux du vaisseau qui s'est rendu pour les emprisonner dans le fond de Calle du navire qui l'a enlevé.

(*g*) BOULETS à deux têtes, il en est dont les maillons se déployent en sortant du canon.

L'Aurore commençoit à décorer les poupes, les voiles, & les pavillons de tous les navires qui compofoient les trois Efcadres ; lorfque le Commandant de celle de France fut averti par le canon du *Grand Hercule*, galion du premier rang, du rifque où il étoit d'être pris par trois navires Anglois. Ce vaiffeau Efpagnol tombé malheureufement, dans l'obfcurité de la nuit, parmi ceux des ennemis qu'il croyoit des vaiffeaux de fon Efcadre, alloit fuccomber fous leurs coups, fi l'Amiral de celle de France n'eût pas fait vent arriere pour le dégager. Ce mouvement auffi fubit qu'il étoit à propos, n'empêcha point ce Général, préfent à tout ce qui fe paffoit dans des opérations toujours accompagnées d'horreur & de tumulte fur un élément déja affez terrible, d'arriver fur le vaiffeau le *Poder* que les Anglois avoient enlevé & qu'ils furent contraints d'abandonner. Le Commandant François fauva ceux que les ennemis y avoient envoyés pour le manœuvrer, les trois à quatre cent Efpagnols qu'ils tenoient prifonniers dans le fond de calle, recouvrerent leur liberté ; ils feroient tous miférablement péris dans ce navire qui couloit bas, parce que l'ardeur du pillage avoit tellement préoccupé les Anglois qui l'avoient amariné, que ces gens avides n'avoient pas étanchés les voies d'eau que leurs canons y avoient faites.

Aprés que M. *Decourt* eut fauvé de ce navire, nonfeulement les Efpagnols fes alliés, mais encore fes ennemis, qu'un Commandant généreux & françois ne laiffe jamais périr quand il les a vaincus, il y fit mettre le feu.

L'Équipage du *Malboroug*, autre gros navire de trois ponts de l'Efcadre Angloife, n'eut pas le même avantage, ce vaiffeau fut coulé à fond : un brulot Anglois manœuvré pour arriver vent arriere fur le *Real*, dans le deffein de l'accrocher & d'y mettre le feu, eut le même fort ; le feu prit à fes poudres, il fauta en l'air & fit enfuite un trou à la Mer : plufieurs autres gros vaiffeaux de l'Efcadre Angloife fe retirerent au large, tant parce qu'ils avoient été extrêmement maltraités, que parce qu'un grand nombre d'Officiers fubalternes, de foldats & de matelots y avoient été mis hors de combat.

T E L L E étoit la pofition des trois Efcadres, lorfque celles de France & d'Efpagne obligerent l'Amiral *Mathews* de reprendre le large ; la manœuvre des François & des Efpagnols les porta de conferve dans la route qui devoit les conduire aux ports où chaque Efcadre avoit ordre de fe rendre.

L E S circonftances de ce fameux combat naval démontrent avec éclat la valeur & l'expérience de M. *Decourt*, auffi-bien que la bravoure & l'intrépidité de *Dom Navarro*.

L E S Anglois voulurent encore tenir la Mer ; malgré le défavantage qu'ils y avoient eu, ils refterent dans les parrages des côtes d'Efpagne : leur but étoit d'écarter par leurs defcentes les troupes qui y pouvoient foutenir l'Infant *Dom Philippe*, à l'attaque des places où il vouloit pénétrer ; mais l'Amiral *Mathews* n'eut pas de plus heureux fuccès fur ces côtes ; il en fut chaffé par le canon des forts qui lui firent prendre le large vers le Port Mahon.

# CHAPITRE SECOND.

*Dom Philippe & le Prince de Conty, s'emparent du Comté de Nice, forcent les Retranchemens des Piémontois, & se rendent maîtres de VILLE-FRANCHE & de MONTALBAN.*

S I le François, pendant la paix, est un lion endormi qu'il ne faut pas réveiller, disoit le vertueux Prince *Eugene* à l'Empereur *Charles V I*, avant de commencer la guerre ; que ne dira-t'on pas de l'Espagnol si difficile à vaincre après la lui avoir déclaré ? ----

O N aime, ou plûtôt on admire les héros magnanimes qui se laissent transporter à l'amour des belles actions, & au désir d'aller chercher dans les combats la gloire d'immortaliser leur noms ; c'est ce que l'on a vû en Italie pendant cette campagne.

L E R O I, étant informé des hostilités exercées par les Anglois sur les côtes de Provence & d'Italie qu'ils inquiétoient, par les descentes de l'Amiral *Mathews*, S A M A J E S T É donna au Prince de *Conty*, le commandement des troupes qu'elle faisoit assembler en Provence. (*a*)

C E Héros semblable à ceux dont on vient de peindre le caractere, s'étant rendu à Aix, fit la revûe des troupes confiées à ses vertus ; il marcha à leur tête, & joignit bientôt celles qui étoient commandées par l'Infant *Dom Philippe* : ces deux Princes agissant de concert, passerent le Var (*b*) en pré-

---

(*a*) L ES Officiers Généraux qui servirent sous le Prince de *Conty*, furent le Marquis de *Maulevrier Langeron*, le Marquis de *Senneĉterre*, le Comte de *Lautrec*, le Bailly de *Givry*, le Marquis du *Cayla*, & le Comte de *Danois*, Lieutenans Généraux ; le Marquis de *Mirepoix*, M^r de *Villemur*, le Marquis d'*Argouges*, le Marquis du *Chatel*, le Marquis de *Bissy*, le Chevalier de *Courten*, & M^r de *Larnage*, Maréchaux de Camp.

Le Marquis de *Maillebois*, fut le Maréchal Général des Logis de l'Armée : le Comte de *Tirconel*, Maréchal des Logis de la Cavalerie, & M, *Chauvelin*, Major Général de l'Infanterie.

(*b*) P A S S A G E du Var le premier Avril 1744. Riviere qui sépare la France de l'Italie. Elle a sa source au Mont Cemelione, dans les Alpes, & se jette dans la Mer Mediterranée, à une demie lieue de Nice.

fence

Dom Philippes et
et le P.ce de Conty, forcent les
retranchemens des Piedmontois, et se
rendent maitre de Villefranche et de
Montalban le 20 Avril
1744.

fence des Anglois & des Piémontois, ils s'emparerent du Comté de Nice , (*c*) & environnerent enfuite les retranchemens de Ville-Franche & de Montalban. ( *d* )

APRÉS que pour la fureté & le fuccès de l'attaque de ces ouvrages , & que pour fe garantir des entreprifes de l'Amiral *Mathews*, les poftes eurent été bien établis ; l'armée combinée , fut divifée en fept colonnes ; deux de ces colonnes, forcerent en peu de tems le retranchement qui défendoit la gorge de Ville-Franche , & s'affurerent de deux batteries dont elle étoit flanquée ; ce retranchement fut emporté l'épée à la main , & tous les Piémontois qui s'oppoferent aux defleins des deux Princes , qui couroient à la gloire , furent faits prifonniers. (*e*)

LOIN que ce premier triomphe pût rallentir un courage qui commençoit à fe produire , les difficultés du terrein ranimerent au contraire les Princes & leurs troupes d'une ardeur néceflaire, pour pénétrer jufqu'à l'intérieur des derniers retranchemens : les entreprifes de ces Héros furent confidérées par les Alliés , & par les François mêmes , comme des projets dont les fuccès étoient problématiques, vains préjugés dont il fallut bientôt revenir.

LES formidables barrieres des ennemis, & la hauteur confidérable des poftes qu'ils occupoient , fortifiés par la nature & par l'art , ne fervirent qu'à fignaler davantage la valeur des deux Princes & le courage des troupes qu'ils commanderent: les Piémontois furent chaffés de leurs retranchemens ; mais un ravin impraticable qu'il fut impoffible de franchir, fervit de bornes à la rapidité de leurs mouvemens : ceux que le Roi de Sardaigne fit en même tems du côté de Sofpel , (*f*) détermine-

---

(*c*) LE Comté de Nice , contrée fituée entre le Marquifat de Saluces, le Piémont, la Méditerranée & la Provence. Elle a environ 13 lieues de large fur 18 de long. C'eft un fort beau Pays & bien fertile.

(*d*) CE fut le 12 Avril.

(*e*) CETTE action commença la nuit du 19 au 20 Avril, le Comte de *Suze* qui commandoit en chef le troupes Piémontoifes fut fait prifonnier , ainfi que 85 Officiers, & l'on enleva onze drapeaux aux ennemis.

(*f*) SOSPEL , petite ville du Duché de Savoie, les François la prirent en 1692 & la rendirent en 1696.

I

rent aussi ces Héros à discontinuer l'attaque, & à se contenter des superbes lauriers qu'ils venoient de cueillir; ils firent enclouer les canons qu'ils avoient pris, & l'on détruisit les ouvrages dont ils s'étoient emparés.

RIEN ne put ébranler la constance des Espagnols; le feu meurtrier des ennemis, qui tirerent sur eux à mitraille, & que ces troupes essuyerent pendant quatre heures sans pouvoir se couvrir, fut une preuve de l'intrépidité plus qu'humaine de ces guerriers audacieux. (*g*)

LES ennemis au contraire perdirent toute espérance. Que fussent devenus les Romains, si cette vertu les eût abandonnés après la bataille de Cannes, où Annibal leur ennemi tailla en piéces cinquante mille hommes de leur armée? Les Piémontois, bien différens de ces grands guerriers, sans espérance de pouvoir résister à une seconde attaque, se retirerent à la hâte; ils abandonnerent Ville-Franche (*h*) & leurs retranchemens, ils laisserent dans le camp leur artillerie & leurs munitions, & se sauverent tous par Mer, sur les vaisseaux des Anglois, excepté les garnisons de la Citadelle de Ville-Franche & du Fort de Montalban. (*i*)

LES troupes Françoises & Espagnoles n'eurent pas plûtôt occupé les retranchemens, qu'elles marcherent à Ville-Franche;

(*g*) ON peut d'autant moins douter de cette fermeté, qu'au siége de Diu, ville forte des Indes, dans une isle de même nom, au royaume de Guzarate, avec une bonne forteresse; on a vu les Espagnols manquant de plomb, s'arracher les grosses dents pour charger leurs mousquets. *Voyez Tavernier, Tome III.*

(*h*) VILLE-FRANCHE, ville des États du Roi de Sardaigne, au Comté de Nice avec un fort château & un grand port. Elle a été souvent prise & reprise. Elle est sur la Mer Méditerranée au pied d'une montagne, à une lieue de Nice, 2 de Monaco, 28 d'Embrun.

(*i*) CETTE action coûta aux ennemis près de quatre mille morts; on trouva, soit dans le Fort de Montalban & dans la Citadelle de Ville-Franche, qui se rendirent les 23 & 25 Av. soit dans les retranchemens forcés, cent sept piéces de canons de différens calibres, quatorze mortiers, sept pierriers; mille fusils, neuf cens mousquets ou environ, six cens bayonnettes, & quantité d'autres armes; vingt-cinq mille cinq cens quarante-un boulets; huit mille soixante-onze grenades; mille quatorze cartouches de mitraille; quinze caissons de cartouches de fusils; cent soixante-huit caissons de balles de fusils & de mousquets, & des magasins considérables de vivres.

les Magiſtrats de la ville prévinrent leur arrivée, ils aſſurerent *Dom Philippe* de l'entiere ſoumiſſion des habitans, & la garniſon de la Citadelle ſe rendit priſonniere de guerre.

Il ne reſtoit plus qu'à ſoumettre le Fort de Montalban ; à peine eut-on commencé à le battre, que le Commandant capitula, & qu'il ſe rendit priſonnier de guerre.

## CHAPITRE TROISIÉME.

*Les Retranchemens des Vallées de STURE & de MAYRE forcés*, Dom Philippe & *le Prince de* Conty *s'emparent du CHATEAU DAUPHIN.*

LES Princes magnanimes marchent toujours à l'ennemi, avec une préfomption permife, qui prend fa fource dans l'intrépidité, la prudence & le courage des vrais Héros ; parce qu'ils fe figurent que le fuccès des armes répondra à leur attente : furtout, lorfqu'ils les prennent pour la défenfe de l'État, & pour la gloire des Monarques.

LA valeur & la prudence ont juftifié la conduite des deux Princes, auxquels on doit appliquer ces vertus ; les victoires qu'ils ont remportées, & les places qu'ils ont foumifes à leur pouvoir, ne permettent pas de révoquer en doute l'héroïfme de leurs actions.

A PEINE le Comté de Nice, Ville-Franche, fa Citadelle, & le Fort de Montalban eurent été rendus, que *Dom Philippe* & le Prince de *Conty*, firent marcher des troupes vers le Briançonnois, pour faire une diverfion du côté de Château Dauphin, & que le refte de l'armée combinée s'avança fur les terres de la République de Gênes.

*Dom Philippe*, pour approcher du but qu'il avoit en perfpective, fit travailler en même tems avec autant de foin que de diligence, à réparer les chemins, qui conduifent au Col de Tende, (*a*) & à la ville de Coni, que les ennemis avoient entierement rompus ; les troupes commandées par ce Prince, refferrerent tellement celles du Roi de Sardaigne qu'elles fe replierent du côté d'Oneille.

____

(*a*) LE Col de Tende, paffage des Alpes entre le Piémont & le Comté de Nice. | Il eft ainfi nommé de la Montagne de Tende au Comté de Nice.

Les

Les retranchemens des vallées de
STURE et de MAYRE forcés, l'Armée
combinée s'empara de Chât Dauphin
les 18. et 19. Juillet 1744.

L E s Piémontois éffrayés de voir l'Infanterie Françoife & Efpagnole, les fuivre de fi près, abandonnerent la ville d'O_neille, ( *b* ) que l'Infant *Dom Philippe* fit auffitôt occuper par un détachement des troupes qu'il commandoit.

D E s motifs auffi prudens, que fondés fur la bonne politique, obligerent les deux Princes d'empêcher que les troupes Françoifes & Efpagnoles ne continuaffent leur marche par l'État de la République de Gênes : on ne laiffa dans le Comté de Nice, que les hommes néceffaires pour en défendre l'entrée aux Piémontois, & pour en garder les fortereffes ; ce qui refta de l'armée combinée reprit la route du Briançonnois, ( *c* ) fe raffembla fous Briançon & fe rendit enfuite dans la Vallée de Sture, dans celle de Mayre, & dans celle du Château Dauphin, du côté de Belleins.

A p r é s que les Princes furent arrivés aux poftes dont il fallut s'emparer ; les attaques qu'ils avoient méditées s'exécuterent avec autant de fuccès que de gloire, ils fe rendirent les maîtres des débouchés du Piémont.

L E s troupes employées à l'attaque de la Vallée de Sture, & qui le furent auffi pour forcer les barricades gardées par toutes les forces Piémontoifes, commandées par le Roi de Sardaigne, fe porterent enfuite à Pelport, au Col de Fures, à celui de Ferriere & à Brezés ; enforte que tous les retranchemens des ennemis fe trouverent enveloppés.

T o u t fut fi bien difpofé, que les différens corps de troupes Françoifes & Efpagnoles, occuperent auffi les chemins qui conduifent aux gorges des barricades ; vingt bataillons formerent l'attaque ; huit furent commandés par le Marquis de *Caftellar*, Lieutenant Général des Armées de Sa Majefté Catholique, fept

---

( *b* ) O n e i l l e , belle & agréable ville d'Italie enclavée dans l'État de Gênes, avec le titre de Principauté & un Port fur la Méditerranée. Elle appartient au Roi de Sardaigne, les François la bombarderent en 1692 ; comme elle n'eft pas fortifiée, elle eft fouvent prife & reprife dans les gueres d'Italie. Elle eft près de la Riviere Impériale, à 12 lieues de Coni, 13 de Nice, 25 de Turin, & 20 de Gênes.

( *c* ) L e Briançonnois, Pays de France dans le Dauphiné, Briançon en eft la Capitale.

autres bataillons par le Marquis de *Villemeur*, & cinq par M. de *Mauriac* : la Vallée de Mayre fut occupée par des troupes qu'on plaça à Affeil & dans les environs, & l'attaque du Château Dauphin fut faite par celles qui étoient fous les ordres du Bailli de *Givry*.

L E S ennemis s'étant apperçus que les barricades de la Vallée de Sture avoient été tournées, ils ne s'y trouverent plus en fûreté, & les abandonnerent; alors le Bailli de *Givry* attaqua les retranchemens de la Tour du Pont & de Belleins; il les força avec la valeur & l'intrépidité du commandant le plus expert dans l'art de la guerre : le combat fut long & fanglant, le terrein fut difputé pied-à-pied, & toutes les actions furent autant de merveilles.

C E fut là, que le Bailli de *Givry*, à la tête de neuf bataillons qu'il commandoit, donna les dernieres preuves de fa valeur ; fes courageux efforts furent longtems inutiles contre deux bataillons Piémontois, poftés fur le haut d'une montagne prefque inacceffible par fa hauteur & par fa roideur, d'où ils faifoient rouler une grêle effroyable de pierres d'une groffeur énorme, qui écrafoient les uns & faifoient reculer les autres ; les foldats de Poitou irrités de la perte qu'ils en recevoient, animés d'ailleurs par la voix de leur Général, fe souleverent les uns les autres avec les croffes de leurs fufils, & comptant pour rien les bleffures & la mort, chofe inouïe ! Ils grimperent à la vûe des deux armées fur le haut de la montagne, d'où ils précipiterent au même inftant les deux bataillons ennemis : enfin les malheureux Piémontois tomberent de rochers en rochers, & fe perdirent dans de profonds abîmes.

L E Roi de Sardaigne eut la douleur de voir ce trifte fpectacle ; il vit même encore fes gens effrayés abandonner Château Dauphin, ce qui affura, à l'Armée combinée de France & d'Efpagne, la libre communication avec le Dauphiné & la Provence. (*d*)

_________________________

(*d*) C E s actions fe pafferent les 18 & *19* | Juillet 1744. Les Piémontois perdirent dans

L A poſtérité s'étonnera d'autant moins des glorieux & mé‑
morables exploits du Bailli de *Givry* , à l'attaque de la Vallée
de Château Dauphin, que ce Général faiſoit l'un des principaux
ornemens d'un ordre, où la vertu des Chevaliers qui le com‑
poſent, a toujours brillé depuis pluſieurs ſiécles.

ces différentes attaques & dans leur retraite environ 2500 hommes; le Lieutenant Géné‑ral qui les commandoit en chef, & pluſieurs Officiers de diſtinction furent tués ; on leur fit un grand nombre de priſonniers & l'on prit deux piéces de canon. Les François perdirent le Marquis de la *Carte* , Brigadier des Armées du Roi , & Colonel-Lieutenant du Régiment d'Infanterie de *Conty* , & M. de *Salis* , Colonel du Régiment Suiſſe de ſon nom. Le Bailli de *Givry* , le Duc *d'Age*‑nois & le Vicomte *d'Aubeterre* , Colonel du Régiment de Provence furent bleſſés , le Bailli de *Givry* mourut peu de tems après à Embrun de ſes bleſſures, il fut généralement regretté , par le Grand-Maitre & par ſon ordre, comme un zelé & fidele obſervateur de ſa régle ; par le Roi comme un Général dont la prudence & le courage étoient à toute épreuve , & par les troupes comme un chef ſous lequel elles ſe trouvoient in‑vincibles.

## CHAPITRE QUATRIÉME.

*Prise du Fort de* DEMONT.

DEs fuccès incapables de remplir les défirs d'une gloire que l'Infant *Dom Philippe* & le Prince de *Conty* vouloient acquérir, exciterent ces deux Princes à continuer leurs opérations militaires fur un théâtre plus noble & plus fuperbe que Château Dauphin qu'ils venoient de ranger fous leurs loix.

LA magnanimité eft une grandeur de courage qui projette toujours des actions élevées, & qui s'applique à les confommer avec éclat ; fi elle fert à préparer l'efprit d'un héros, à difpofer fon courage, & à le rendre prompt à entreprendre les chofes difficiles, la magnificence les exécute avec pompe, fon courage fe renouvelle & fe fortifie par l'action.

LES Princes ornés de ces vertus vont prouver leur fageffe au fiége de Demont, (a) qu'on leur avoit dépeint comme une place imprenable ; ils n'eurent cependant befoin que de leur prudence, le hazard fit le refte.

APRÉS que les deux Héros, qui commandoient les troupes Françoifes & Efpagnoles, eurent fait toutes les difpofitions néceffaires pour affiéger le Fort de Demont, ils s'annoncerent par des bombes qu'ils y envoyerent : (b) auffitôt que la tranchée fut ouverte, trois batteries, l'une de mortiers, & deux autres de canons battirent le Fort en bréche. (c)

LE lendemain de l'établiffement de ces batteries, le feu prit à un magafin de méches qui étoit dans ce Fort ; les flammes firent un progrès fi rapide qu'elles fe communiquerent en très peu de tems à la maifon du Commandant, & à une grande quantité de bois de blindage dont elle étoit environnée.

---

(a) DEMONT, Fort d'Italie dans le Piemont, au Marquifat de Saluces fur la Sture, à 4 lieues de Coni.

(b) LE 28 Juillet 1744.
(c) CES batteries furent établies devant le Fort de Demont le 16 Août.

Le

L E Commandant & toute la garnifon, craignant que l'incendie ne caufât plus de maux, que les foudres de guerre dont ils étoient battus, & que les flammes ne fe communiquaffent à trois magafins à poudre, qui n'en étoient pas éloignés, arborerent le drapeau blanc & fe rendirent à difcrétion. ( *d* )

C E triomphe prématuré obligea les affiégeans d'évacuer la tranchée ; ce fut une prudence bien placée d'éviter les éclats & les débris, qui feroient indubitablement partis du Fort, fi le feu eût pris aux magafins à poudre : la bravoure d'affronter un péril prefque certain n'eût pas été approuvée ; on a vu des guerriers qui ont portés bien loin la terreur & l'effroi, & qui ont forcé, comme l'Infant *Dom Philippe* & le Prince de *Conty*, des places reputées auparavant imprénables ; mais ces hommes vainqueurs de tant de peuples ont été vaincus à leur tour par leur imprudence ; les Princes qui commandoient l'Armée combinée, loin d'expofer mal-à-propos leurs troupes, toujours prêtes à verfer leur fang pour le falut de la patrie & la gloire de leur Roi, prirent de fages précautions pour conferver des jours fi précieux ; ces précautions furent inutiles, mais elles n'en furent pas moins prudentes : le feu fe rallentit, les flammes diminuerent, & l'on fit entrer dans la place des piquets qui travaillerent avec tant d'ardeur & de diligence, que les magafins à poudre furent bientôt mis hors de danger.

U N accident fatal à des affiégés, en état de réfifter longtems, influa tout entier pour l'avantage des affiégeans ; les fortifications ne furent point endommagées, les troupes Françoifes & Efpagnoles s'emparerent de toutes les munitions de guerre & de bouche, que le Roi de Sardaigne avoit fait conduire dans le Fort ; & l'on y prit 150 milliers de poudre, & 50 piéces de canon.

C O M M E les grands conquérans ne bornent jamais leurs défirs, à des opérations au - deffous de la gloire qu'ils ambitionnent ;

( *d* ) L E Fort de Demont fe rendit le 17 Août, la garnifon compofée de onze cens hommes, fut prifonniere de guerre.

*Dom Philippe* & le Prince de *Conty* femblables à Alexandre, qui fe plaignoit de ce qu'il n'y avoit pas plufieurs mondes à conquérir, marcherent pour attaquer le Roi de Sardaigne, qui étoit campé en deçà du Po, avec toute fon Armée; mais ce Prince jugeant qu'il n'étoit pas à propos de hazarder la bataille qu'on fe difpofoit à lui livrer, repaffa ce fleuve avec la plus grande précipitation.

CONY

la mauvaise saison
force l'armée combinée à
se retirer en 1744.

# CHAPITRE CINQUIÉME.

### Siége de CONI.

SI les Généraux se rendent formidables, lorsqu'à l'abondance d'argent ils joignent la disposition du corps, la grandeur du courage, le grand nombre de troupes, la puissance des Souverains & l'appui des amis ; les Princes dont on publie les vertus joignoient à tous ces avantages le désir de la gloire.

LES victoires remportées dans le Comté de Nice, la prise de Ville-Franche & du Fort de Montalban, celle du Château Dauphin, & la réduction du Fort de Demont ; tous ces triomphes furent considérés par l'Infant *Dom Philippe* & le Prince de *Conty* comme le préliminaire des conquêtes qu'ils méditoient.

APRÉS que ces Héros eurent fait toutes leurs dispositions pour le siége de Coni, (*a*) cette place fut bientôt attaquée, & l'ouverture de la tranchée (*b*) suivit de près l'investissement. La tranchée étant ouverte, les assiégés firent tout-à-coup une sortie sur une redoute que les Espagnols construisoient ; ce premier pas leur couta cher, ils furent repoussés avec perte de vingt officiers & de cent soldats.

LES François battoient déja la place avec vingt-deux piéces de canon, & huit mortiers ; (*c*) le feu que ces batteries vomissoient étoit assés terrible pour épouvanter les assiégés, & pour abaisser le faste d'une intrépidité dont ils faisoient parade,

---

(*a*) CONI, ville très-forte d'Italie, dans le Piémont, avec une bonne Citadelle. La garnison étant divisée en deux factions, elle se rendit aux François en 1641, & fut remise ensuite au Duc de Savoie. Les François l'assiégerent de nouveau en 1691 & 1706 ; mais ils furent contraints d'enlever le siége. Elle est située au confluent de la riviere de Gesse avec la Sture, à 14 lieues de Turin.

(*b*) LA tranchée fut ouverte devant Coni la nuit du 12 au 13 Septembre 1744

(*c*) LE même jour 15 Septembre, M' de *Ramsau*, Ingénieur & Ayde de Camp de M' le Prince de *Conti*, eut dans la tranchée l'épaule emportée par un boulet de canon.

lorfque le Marquis *Pignatelli* qui étoit pour lors à Centale, avec mille grenadiers & deux mille hommes de cavalerie, pour obferver le Roi de Sardaigne, eut ordre de repaffer la riviere de Sture ; fon mouvement perfectionna l'inveftiffement de la ville de Coni du côté de Mondovi.

L E progrès des travaux ne fut pas auffi rapide qu'on devoit l'efperer ; une pluie extraordinaire, qui dura trente-fix heures, & qui fit déborder la riviere de Geffe, fufpendit toutes les opérations du fiége. ( *d* )

. D é s que l'écoulement des eaux permit de reprendre les travaux ; les affiégeans animés d'un nouveau zele, reparerent bientôt le tems, qu'ils avoient été contraint de paffer dans l'inaction.

L A perféverance d'un Général, dans les opérations de la guerre, eft fouvent plus capable de furmonter les obftacles, que la faifon & les élemens font naître, que la force & le courage ; fans la perfeverance du Cardinal Duc de Richelieu, qui joignoit à fa dignité ecclefiaftique celle de Général d'armée, au fiége de la Rochelle, les François n'eurent jamais pû foumettre les Rochelois à l'obéiffance de L o u i s XIII ; mais fon Eminence, après une longue perféverance, imagina la fameufe digue qui empêcha l'armée navale d'Angleterre d'entrer dans le port de la Rochelle pour fecourir les affiégés. ( *e* )

L E Roi de Sardaigne ayant donc été joint par les renforts qu'il avoit attendu du Milanés, & par le Régiment de Pallavicini que le Prince de Lobekowitz lui envoya, il s'avança à deux lieues & demie de l'armée combinée, fit jetter des ponts fur la baffe Sture, & forma le deffein de hazarder la bataille qu'il avoit refufée peu de jours après la réduction du Fort de Demont : la confiance de ce Prince augmentoit à mefure que le nombre de fes troupes s'accroiffoit ; fon armée compofée

---

( *d* ) C e t t e pluie furvint la nuit du 25 au 26 Septembre.

( *e* ) E n 1628, L o u i s XIII prit la Rochelle par famine, après un fiége de 13 mois ; lorfque cette ville fut prife, les affiégés avoient déja mangé tous leurs animaux domeftiques, les cuirs, les harnois des voitures, & tous les rats qu'ils purent attraper.

BATAILLE,
Don Philippe et le Prince
de Conty battent le Roy de
Sardaigne près Cony en 1744.

de trente cinq bataillons & de trente deux efcadrons, lui faifoit concevoir de très-grandes efpérances, & il n'eft pas douteux que fi fon deffein n'eût été prévenu, fa bravoure l'eût porté à commencer un combat des plus fanglans. Ses difpofitions étoient faites pour attaquer le quartier du Marquis *Pignatelli* ; mais l'armée combinée qui faifoit éclairer fes démarches, paffa toute une nuit au bivoüac, & dérangea les projets de ce Prince courageux.

### Bataille de la *MADONA DEL ULMO*, près Conni.

L E lendemain, l'Infant *Dom Philippe* laiffa dans fon camp dix-huit bataillons pour la garde des travaux & du parc d'artillerie, il marcha aux ennemis, & s'avança jufqu'au couvent de *la Madonna del Ulmo*. Ce Prince, ayant enfuite appuyé la droite de fon armée à ce couvent, la gauche à une caffine, & le centre à une autre caffine fortifiée, il fut en état de recevoir les Piedmontois. Il étoit environ onze heures du matin, ( *f* ) lorfque l'armée des ennemis s'avança de fon côté fur deux colonnes parallelles. Le Roi de Sardaigne plaça fon infanterie le long d'une chauffée, & couvrit de chevaux de frife le front & les flancs de fon armée.

A P R É S qu'on fe fut canonné de part & d'autre pendant quelque tems ; les grenadiers du Roi de Sardaigne attaquerent le pofte de la *Madonna del Ulmo* ( *g* ) & les caffines * qui étoient au devant des retranchemens de l'armée combinée : l'attaque fut vive & fanglante ; mais ces guerriers redoutables repouffés de toutes parts & mis en déroute, ne furent pas plus heureux dans la fuite.

L E combat devenu général, ( *h* ) entre les troupes d'infanterie des deux armées ; celles de France & d'Efpagne animées par la valeur des deux Princes qui les commandoient, foutinrent avec la fermeté naturelle à ces deux nations, les efforts de l'in-

---

( *f* ) LE 30 Septembre 1744.

( *g* ) L'ATTAQUE commença à une heure après midi.

* CASSINE, mot qui vient d'Italien *Caffina*, & qui fignifie une petite maifon de campagne.

( *h* ) SUR les cinq heures du foir.

**M**

fanterie Piedmontoifes , & la mirent dans un fi grand défordre qu'elle ne put fe rallier.

Le Prince de *Conty* voulant enfuite profiter des avantages que la déroute des Piedmontois lui préfentoit, pour achever leur défaite, fe mit à la tête de la cavalerie , & porta fes plus terribles coups contre la premiere ligne de l'armée ennemie ; mais les chevaux de frife s'oppoferent à fon paffage , & l'obligerent néceffairement de faire replier fa cavalerie.

Ce Prince , dont rien ne pouvoit arrêter la valeur , retourna à la charge avec fix régimens d'infanterie ; il s'expofa aux plus grands dangers , & s'empara en cette occafion d'une batterie des ennemis ; mais la violence du feu qui partit des caffines que les Piedmontois occupoient encore , l'empêcha de conferver long-tems les marques d'une éclatante victoire.

Tout combattit avec une fureur égale ; la nuit feule , dont on ne put fufpendre ni arrêter les voiles ténébreufes , fit ceffer ce combat auffi meurtrier qu'epouvantable ; fa trop grande obfcurité , mit un interval au progrès des maux , que les armes des deux parties auroient continué de fe faire réciproquement.

La perte confidérable des ennemis , les ayant mis hors d'état de pouvoir fe maintenir dans leur pofte ; le Roi de Sardaigne fe détermina pendant la nuit à abandonner une partie de fon artillerie auffi-bien que la multitude de fes chevaux de frife.

Ce Prince , en fe retirant , eut la fage précaution de laiffer des détachemens de grenadiers , qui tirerent affez vivement fur les troupes Françoifes & Efpagnoles , pour leur ôter la connoiffance de l'abandon qu'il faifoit du champ de bataille.

Au milieu de la nuit , le feu des ennemis ceffa entierement ; dès la pointe du jour , qui avoit tardé fi longtems à paroître, *Dom Philippe* détacha le Marquis de *Corbulen* avec mille chevaux , pour inquiéter le Roi de Sardaigne dans fa retraite , & ce Général s'empara de plufieurs chariots remplis de bleffés & de munitions de guerre. ( *i* )

_______________

( *i* ) On prit aux ennemis cinq piéces | de canon , & ils eurent plus de cinq mille

IL eſt peu d'événemens , où la ſageſſe & la bravoure des Commandans ayent paru avec plus d'éclat que dans cette mémorable journée : le Roi de Sardaigne ſe confiant dans le nombre de ſes troupes , ſe promettoit une victoire complette , il fut cependant trompé dans ſes eſpérances , malgré ſes efforts redoublés ; ce Prince fut toujours repouſſé avec perte , & obligé de prévenir , en ſe retirant, ſon entiere défaite. Rien ne manqua à la gloire des vainqueurs , qui euſſent terminé leur campagne plus glorieuſement encore , par la priſe de *Coni* , ſi la ſaiſon & les élemens ne s'y fuſſent point oppoſés.

homines tués ou bleſſés. Les François & les Eſpagnols perdirent huit à neuf cens hommes , & l'on compta environ douze cens bleſſés dans les troupes des deux nations. Du côté des François , les principaux Officiers bleſſés furent, le Marquis de Senneéterre Lieutenant Général , le Chevalier Chauvelin Brigadier , & le Chevalier de *Chabannes* ; le Marquis *de la Force* eut une épaule emportée d'un boulet de canon , & mourut peu de tems après de ſa bleſſure ; le ſieur de *Solenci* Brigadier & Lieutenant Colonel du régiment de Conty infanterie fut tué : le Prince de *Conty* reçut deux coups de feu dans ſa cuiraſſe , & eut deux chevaux bleſſés ſous lui.

**Fin du Second Livre.**

# OFFICIERS GÉNÉRAUX,
## *FRANÇOIS ET ESPAGNOLS*,

Qui fervirent pendant la Campagne de 1744. tant en FLANDRE, fur le RHIN, & fur la MEUSE, qu'en PIÉMONT & en ITALIE.

## ARMÉE DU ROI EN FLANDRE.
### LE ROI,
### M. LE MARÉCHAL DE NOAILLES.

#### *LIEUTENANS GÉNÉRAUX*

M. Le Marquis de Ceberet,  
M. De Valiere,  
M. Le Comte de la Mothe Houdancourt,  
M. Le Comte de Clermont,  
M. Le Marquis de Maubourg,  
M. De Cherifey,  
M. De Bulkley,  

M. Le Duc de Gramont,  
M. Le Marquis de Segur,  
M. Le Marquis de Fenelon,  
M. Le Chevalier de S. André,  
M. De Godde de Varennes,  
M. Le Duc de Biron,  
M. Le Comte de Lowendal.  

#### *MARÉCHAUX DE CAMP.*

M. Le Comte d'Aulnay,  
M. Le Marquis de Balleroi,  
M. Le Comte de Chabannes,  
M. Le Duc de Richelieu,  
M. Le Prince de Pons,  
M. Le Duc de Luxembourg,  
M. De Berchini.  
M. Le Comte de Clare,  
M. Le Marquis de Chiffreville,  
M. Le Marquis de Marignanes,  
M. De Mongibault,  
M. Le Marquis de S. Jal,  
M. Le Marquis de Pont chartrain;  
M. Le Prince de Soubife,  
M. Le Duc de Pecquigny,  
M. Le Duc de Chartres,  

M. Le Marquis d'Hautefort,  
M. De Monnin,  
M. Le Comte de Courtomer,  
M. Le Comte de Trefmes,  
M. Le Duc de Boufflers,  
M. De Contades,  
M. Le Marquis du Roure,  
M. Le Duc de Briffac,  
M. Le Duc de Chevreufe,  
M. Le Marquis de la Cofte,  
M. Le Marquis de Beauveau,  
M. Le Duc d'Aumont,  
M. Le Duc d'Ayen,  
M. Le Duc de Penthievre,  
M. Du Brocard.  

SECONDE

## SECONDE ARMÉE EN FLANDRE.

### M. Le Maréchal de SAXE Commandant.

*LIEUTENANT GÉNÉRAUX.*

M. De Lutteaux ,
M. Le Marquis du Chayla ,

M. Defgranges.

*MARÉCHAUX DE CAMP.*

M. Le Comte de Beranger ,
M. Le Marquis de Brezé ,
M. Le Comte d'Eftrées ,
M. Le Chevalier d'Apcher ,

M. Le Marquis de Langeron ,
M. Le Marquis d'Armentieres ,
M. Le Marquis de Souvré.

## ARMÉE FRANÇOISE SUR LA MEUSE.

### M. Le Duc D'HARCOURT, Lieutenant Général, Commandant.

*LIEUTENANS GÉNÉRAUX.*

M. Le Marquis de Creil ,
M. Le Chevalier de Belleifle ,

M. Le Chevalier de la Rocheaimon.

*MARÉCHAUX DE CAMP.*

M. De Bombelles ,
M. Le Marquis de Rennepont.
M. Le Comte de Beuvron ,

M. Le Comte d'Harcourt ,
M. Le Comte d'Arros.

## ARMÉE FRANÇOISE SUR LE RHIN.

### M. le Maréchal de COIGNI Commandant.

#### *LIEUTENANS GÉNÉRAUX.*

M. Le Marquis de Montal,
M. Le Marquis de Balincourt,
M. Le Marquis de la Farre,
M. Le Comte de Clermont Tonnerre,
M. De Louvigny,
M. Le Marquis d'Epinay,
M. Le Prince de Dombes,
M. Le Comte d'Eu,

M. Le Marquis de Genſac,
M. Phelippes,
M. Le Marquis de Clermont Gaïlerande,
M. Le Comte de Baviere,
M. Le Marquis de Putanges,
M. De Malezieu,
M. Le Comte de Coigni,
M. Le Prince de Montauban.

#### *MARÉCHAUX DE CAMP.*

M. Le Marquis de Brun,
M. Le Marquis de Refuges,
M. Le Marquis de la Ravoye,
M. Le Duc de Boutteville,
M. Le Marquis de Chazeron,
M. Le Marquis du Châtelet Lomont,
M. Le Comte de Rivin,
M. De Salieres,
M. Le Chevalier de la Luzerne,
M. De Mauroy,
M. Le Marquis de Monconſeil,

M. Le Marquis de Clermont d'Amboiſe,
M. De Queſneau,
M. Le Marquis de Maupeou,
M. Le Comte de Maulevrier.
M. Le Marquis de Croiſſy,
M. Le Comte de la Marck,
M. Le Duc de Randan,
M. Le Comte de Rupelmonde,
M. Le Marquis du Châtelet,
M. Le Comte de Rubempré,
M. Le Prince des deux Ponts.

## ARMÉE ESPAGNOLE EN ITALIE.

### *DOM PHILIPPES Généralissime.*

**M.** Le Marquis de **LAMINA**, Capitaine Général.

### *LIEUTENANS GÉNÉRAUX.*

D. Louis de Guendica,
D. Jean d'Aremburu,
Le Marquis de Caftellar,

D. P. Garcia Arteaga,
Le Marquis de Campo Sancto,
D. F. Pignatelli.

### *MARÉCHAUX DE CAMP.*

D. Th. de Corbolan,
Le Marquis de Magni,
D. Condé Candal,

Le Marquis de Caftel Rios,
D. Fir. de Cagigal,
D. Fran. de Faudoas.

D. Jof. Ant. Tinto. . . . . . . . . . . *Major Général.*
Le Marquis de Garantia. . . . . . . . *Maréchal des Logis.*
D. Michel. . . . . . . . . . . . . . *Major Général des Dragons.*
D. Jerofme Amici. . . . . . . . . . *Quartier Maître.*
M. Condé Baratiery. . . . . . . . . . *Commandant de l'Artillerie,*

## ARMÉE FRANÇOISE EN PIEDMONT.

### M. Le Prince de CONTI, Général.

#### *LIEUTENANS GÉNÉRAUX.*

M. Le Marquis de Maulevrier Langeron,  
M. Le Marquis de Senneſterre,  
M. Le Comte de Lautrec,  
M. Le Bailly de Givry,  
M. Le Marquis de Cayla,  
M. Le Comte de Danois.

#### *MARÉCHAUX DE CAMP.*

M. Le Marquis d'Argouges,  
M. Le Marquis du Chatel,  
M. Le Marquis de Mirepoix,  
M. Le Marquis de Villemur,  
M. Le Marquis de Biſſy,  
M. Le Chevalier de Courten,  
M. De Larnage.

*Maréchal Général des Logis de l'Armée.*   M. Le Comte de Maillebois.  
*Major Général de l'Infanterie.*   M. De Chauvelin.  
*Maréchal Général des Logis de la Cavalerie.*   M. Le Comte de Tirconnel.  
*Intendant de l'Armée.*   M. Bertier de Sauvigny.

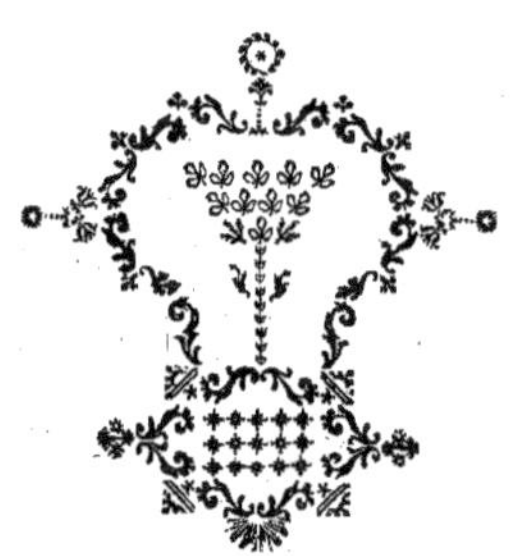

# HISTOIRE
### DES
# CONQUESTES
### DE
# LOUIS XV.

## LIVRE TROISIÉME.

### CAMPAGNE DE 1745.

Aprés les heureux fuccès des armées de Louis XV.
& que fa premiere campagne eut été terminée par la prife de
Fribourg, Sa Majesté, eut, fans doute, écouté des propofitions de paix convenables à la juftice de fes prétentions, puifque la clémence de ce Monarque eft une vertu oppofée à la haine,
dont il ne fut jamais fufceptible. Si l'on vit autrefois des Princes, qui n'ambitionnerent pas l'amour des peuples, pourvû qu'ils
fe fiffent craindre ; le Roi, dont on écrit les conquêtes, autant
rempli d'humanité que bienfaifant de fon naturel, s'eft toujours
fait admirer comme un aftre de bonne influence ; c'étoit auffi
pour la confervation de fa perfonne facrée, que fes fujets ve-

O

noient de porter aux pieds des Autels leurs vœux & leurs prieres, en remerciant le Roi des Rois du rétabliffement de fa fanté.

L a douceur & la générofité , font des charmes puiffans pour concilier aux Souverains l'affection de leurs fujets; c'eft le lien le plus fort , & la plus fûre garde des Monarques : il n'eft point d'Empire plus ferme que celui qui plaît à ceux qui obéiffent ; les Empires odieux tombent d'eux-mêmes.

L a magnanimité de Louis XV s'accorde parfaitement avec fes autres vertus, & la colere ne l'emporta jamais fur fon grand caractere. Comme la partie fupérieure du monde , qui eft la mieux réglée & la plus proche du ciel , n'eft point obfcurcie par les nuës , ni agitée par les tempêtes , qu'elle fe conferve fans trouble dans la paix, & qu'elle laiffe aux parties inférieures de l'Univers , les vents qui y fouflent, les foudres qui s'y forment, & les tonnerres qui y grondent ; de même, l'efprit élevé du Monarque de la France, tranquille & établi dans un parfait repos pendant la paix , fe voyant obligé de foutenir les droits de fa Couronne , contre l'opiniâtreté des alliés , fes ennemis , n'agit point avec paffion en commençant cette campagne par le fiége de Tournai.

SIEGE DE TOURNAY
et de la Citadelle
rendus les 22 mai et 19 Juin
1745.

# CHAPITRE PREMIER.

### *Siége de* TOURNAI.

LE Maréchal de *Saxe*, dont on n'ofa jamais contefter l'hé‑
roïfme des actions, fit en entrant en campagne des mouvemens
extrêmement avantageux pour la France ; il donna plus d'une fois
le change à fes ennemis, qui ne purent pénétrer fes deffeins ; ils
ignorerent pendant quelque tems fi c'étoit à Mons où à Tournai
qu'il en vouloit : toutes les difpofitions de ce Général paroiffoient
annoncer qu'il avoit en perfpective la premiere de ces deux places,
& les troupes fe rendirent à leurs quartiers fous ces trompeufes
apparences.

LES habitans de Tournai (a) croyoient leur Ville imprenable ;
ils avoient oublié, fans doute, qu'un fiége conduit par les Fran‑
çois, fous le Regne de LOUIS XIV avoit toujours eu d'heureux
fuccès, & ils fe figuroient que fous celui de LOUIS XV l'orage
qui les menaçoit fe diffiperoit ; enforte que Mons & Tournai
ne leur cauferent aucunes inquiétudes.

LES Tournefiens intimement perfuadés, que les Alliés ouvri‑
roient la campagne par le fiége de l'Ille, & que le Général Fran‑
çois fe tiendroit fur la deffenfive, eurent la générofité chimerique
d'offrir à leurs amis de l'Ille de les recevoir chez eux, tandis
que M. le Duc de *Cumberland* affiégeroit leur Ville.

LE Gouverneur de Tournai penfa plus jufte : malgré la fécu‑
rité des habitans, ce fage Commandant fit une fortie de cinq cens
hommes de fa garnifon, qui mirent le feu aux faubourgs de la

---

(*a*) TOURNAI jolie, forte & confi‑
dérable Ville des Pays‑bas Autrichiens,
dans la Flandre, Capitale du Tournefis,
avec une citadelle des plus fortes & des
plus belles de l'Europe. LOUIS XIV. prit
Tournai en 1667, & il lui fut cédé par
le traité d'Aix‑la‑Chapelle en 1688, les
Alliés le prirent en 1709, & il fut cédé
à la maifon d'Autriche par la paix d'U‑
trecht, & la garde en fut donnée aux Hol‑
landois par le traité des barrieres en 1715.
Il eft fur l'Efcaut à 4 lieuës & demie de
l'Ille, 7 & demie de Douai, 9 de Mons,
12 de Gand, & 54 de Paris.

Ville, ( *b* ) & le Maréchal de *Saxe* fit faire une fauſſe marche du côté de Mons ; les différens mouvemens de ces troupes, agiterent les eſprits qui ont plus de ſpéculation que de pratique, & qui veulent pénétrer les deſſeins qu'on juge à propos de leur cacher ; les uns aſſiégerent Mons en idée, les autres publierent que les François reſteroient ſur la deffenſive ; ils furent tous également trompés, le Maréchal revint ſur Tournai, & en fit l'inveſtiſſement.

C E Général prit ſon quartier au Château du village de Froyenne, & celui du R O I fut marqué au Château de Pont-à-Chein.

L ES Alliés ſurpris tout-à-coup par l'inveſtiſſement de Tournai, penſerent à ſecourir cette place ; toutes leurs troupes furent aſſemblées ſous Bruxelles, & allerent camper à Lambeck : le mouvement des ennemis n'empêcha pas que la tranchée ne fût ouverte devant Tournai, au village d'Orcq, du côté de la porte des ſept fontaines. ( *c* )

T ELLES étoient les opérations du Maréchal de *Saxe*, & la poſition de ſon armée ; lorſque le Duc de *Cumberland* partit de Bruxelles pour aller paſſer en revue l'armée des Alliés au camp de Lambeck où elle ſéjournoit. Les travaux de la tranchée avancerent, & quoique les Alliés fuſſent campés entre Soignies & Cambron, les douze cens hommes qu'ils firent ſortir de la place furent repouſſés ; ( *d* ) les deux plus fortes batteries des aſſiégés furent démontées par celles des François, qui mirent auſſi le feu au magaſin à foin de la Ville par une bombe qu'ils y jetterent : ( *e* ) ces funeſtes événemens n'empêcherent pas les Alliés de camper ſous Cambron, le Duc de *Cumberland* y établit ſon quartier, le Maréchal de *Konigſeg* prit le ſien à Brugelette, & celui du Prince de *Waldeck* fut à Lens.

C OMME rien n'échappoit à l'attention & aux lumieres du Maréchal de *Saxe*, il ne fut pas plutôt informé des nouveaux

---

( *b* ) C ETTE ſortie ſe fit le 26 Avril 1745, & le même jour la Ville fut inveſtie.

( *c* ) O UVERTURE de la tranchée le 30 Avril 1745.

( *d* ) L ES ennemis firent cette ſortie pendant la nuit du 3 au 4 Mai.

( *e* ) C E fut le 5 Mai.

mouvemens

L'ARMÉE DU ROI
Passe l'Escaut le 8.
May. 1746.

mouvemens des ennemis pour aller camper à Mollay , qu'il
fe difpofa à les recevoir avec l'intrépidité qui lui étoit naturelle :
ce généreux guerrier alla reconnoître le champ de bataille , les
avantages que le terrein pouvoit lui préfenter ne furent pas
oubliés ; enfuite il ordonna aux troupes de fe tenir prêtes à marcher à l'arrivée du Roi.

SA MAJESTÉ inftruite de l'approche des ennemis , fe ren-
dit au Château de Pont-à-Chein, où fon quartier avoit été marqué ; fur le récit que le Maréchal de *Saxe* lui fit de la pofition des
armées , ce Monarque fentit bien qu'il n'y avoit pas de tems à
perdre ; enforte que les troupes campées fur la rive gauche de
l'Efcaut ( *f* ) eurent ordre de paffer cette riviere, & d'aller fe ranger en bataille fur le terrein qui avoit été défigné pour le combat.

### *Paffage de l'E s c a u t.*

TANDIS que l'armée du Roi paffa l'Efcaut, ( *g* ) les troupes
employées au fiége de Tournai , firent partir une bombe qui mit
le feu au magafin à poudre de la citadelle ; ce magafin & les ca-
fernes de la place fauterent , & prefque toutes les vitres de la
Ville furent brifées : fi la nuit qui fuccéda à ce jour terrible fa-
vorifa les François qui fe rendirent maîtres de la crête du chemin
couvert, elle fut funefte aux Srs. Taleyrand & Dumazis Ingénieurs
de réputation qui y périrent.

LES Alliés difpofés à combattre, fe mirent en marche, ( *h* )
cottoyerent les bois de Barry & de Leuze, & vinrent camper près
le village de Maubray : ils occupoient déja le village de Vezon ,
éloigné d'une demie lieuë de celui de Fontenoy, lorfque SA MA-
JESTÉ ordonna aux troupes de prendre les armes , & de fe former fur le champ de bataille. ( *i* )

( *f* ). L'ESCAUT , riviere des plus confidérables des Pays-Bas , elle prend fa fource dans le Vermandois, paffe dans la Flandre , & quelques lieuës au-deffous du Fort de Lillo , fe divife en deux branches, dont l'une paffe proche Bergopzoom, & fe nomme Efcaut oriental, & l'autre à Fleffingue , & fe nomme Efcaut occidental, elles fe jettent dans la mer d'Allemagne.

( *g* ) PASSAGE de l'Efcaut le 8 Mai.

( *h* ) LE 9 Mai.

( *i* ) VINGT-SEPT bataillons , & dix-fept efcadrons reflerent pour continuer

PEU de tems après, le Monarque accompagné de M. le Dauphin paffa l'Efcaut; ( *l* ) l'apparition intéreffante de SA MAJESTÉ fur le champ de bataille, excita parmi fes troupes des cris de joye qui fe firent entendre dans toutes les lignes, & qui lui marquerent affez ce qu'elle devoit attendre de la fidélité & du courage de fes foldats : le ROI, voulant enfuite s'affurer de la pofition certaine des ennemis, pénétra jufqu'aux gardes les plus avancées; mais voyant que les Alliés n'étoient pas dans le deffein d'attaquer ce jour là, il fe retira.

LE lendemain, dès la pointe du jour, SA MAJESTÉ repaffa l'Efcaut, & fit ranger toutes fes troupes en bataille. ( *m* )

LES Rois quoiqu'environnés de gloire par les honneurs qui leur font dûs, & par les hommages qu'ils reçoivent, défirent cependant d'augmenter leur puiffance; ils s'appliquent à eux-mêmes les triomphes de leurs prédéceffeurs : l'ame élevée par les conquêtes de ceux qui n'exiftent plus, ils veulent tranfmettre à leur poftérité des rayons de fplendeur.

SUR de tels principes, les grands font toujours guidés par des projets qu'ils croyent capables d'opérer l'aggrandiffement de leurs Etats, & lorfqu'ils penfent aux félicités de leurs ayeux, ils fe figurent que toutes leurs entreprifes fuccéderont heureufement; c'eft ce qui eft arrivé au Monarque de la France, dont nous reprenons la fuite des premieres conquêtes.

LOUIS XV, n'ignoroit pas les grands fuccès des armes de LOUIS XIV fon bifayeul; l'éducation qu'on avoit donné à ce Prince, & les monumens des conquêtes de LOUIS le Grand publiés par la renommée, non feulement dans l'Europe, mais encore dans toutes les autres parties du monde, avoient rempli l'imagination de fon fucceffeur à la Couronne.

TELLE avoit été la fituation de l'efprit de LOUIS XV, pendant une paix qui dura affez long-tems, pour obliger les peuples

les opérations du fiége de Tournai, fous les ordres de M. le Marquis de *Brezé*, Lieutenant Général.

( *l* ) LE ROI paffa l'Efcaut le 9 Mai.

( *m* ) CE feroit inutilement, qu'on feroit ici l'analyfe de toutes les Troupes qui combattirent à Fontenoy, puifque leur pofition fe trouve dans le plan de cette Bataille.

Bataille et defaite de l'armée
des alliés dans le champ de
Fontenoy le 11 may 1745.

à ajouter aux titres du Prélat qui avoit préſidé à l'éducation de ce Prince, celui de Cardinal pacifique. La tranquilité invitoit les Ordres du Royaume à le rendre floriſſant de plus en plus, lorſqu'elle fut troublée par la diſcorde : ſon flambeau fit faire de ſérieuſes & convenables réflexions au Monarque ; il paſſa de la ſpéculation à la pratique, & les glorieux ſuccès de ſa premiere campagne le conduiſirent à la bataille de Fontenoy.

PENDANT toute la matinée, qui précéda le jour du combat (*n*) les ennemis parurent ; mais ils ne furent occupés qu'à ſe faire des paſſages pour pouvoir s'avancer plus facilement ſur pluſieurs colonnes : le même jour, les François mirent le feu au village de Bourgeon, que le ROI avoit ordonné de brûler pour le ſignal, parce que SA MAJESTÉ ſe figura que l'armée des Alliés pourroit attaquer la ſienne, qui n'en étoit éloignée que d'un quart de lieuë ; le Monarque reſta long-tems ſur le champ de bataille, il n'en ſortit qu'après qu'il fut bien informé qu'une partie de l'artillerie des ennemis s'étoit embourbée dans la marche, & qu'on lui eut aſſuré que le jour s'écouleroit avant qu'ils fuſſent en état de livrer bataille : les troupes Françoiſes demeurerent ſous les armes, & les Officiers Généraux à leurs poſtes ; le ROI repaſſa l'Eſcaut, & retourna au village de Calonne pour y repoſer tout armé.

### *Bataille de* FONTENOY.

LE jour commençoit à peine à paroître, (*o*) lorſque les ennemis ſe formerent en ordre de bataille ; les Anglois & les Hannovriens débouchèrent par le village de Vezon, & les Hollandois par celui de Maubray : les Anglois & les Hannovriens rangés ſur deux lignes, étoient en deçà d'un petit ruiſſeau, leur droite appuyée au bois de Barry, & leur gauche à la hauteur de Fontenoy : les Hollandois appuyerent leur droite aux Hannovriens, ils étendirent leur gauche juſqu'au village de Pieronne, leur cavalerie ſe forma en bataille ſur le haut de la plaine d'Antoin, & trois batteries, l'une de mortiers & deux de canon, furent pla-

(*n*) C'ÉTOIT le dix Mai.    (*o*) LE onze Mai.

cées fur leur front pour les foutenir : le corps de réferve des ennemis, avoit fa droite au bois de Barry, & étoit formé un peu en avant du village de Vezon.

Telle étoit la pofition des ennemis, quand le Monarque altéré de gloire, accourût fur le champ de bataille. Si cette paffion eft l'aliment des héros, elle brille dans tout fon luftre, lorfqu'elle éclate dans les actions des Rois.

Aprés que les deux armées fe furent canonnées pendant plus de trois heures ; (*p*) les ennemis fe déterminerent à attaquer Fontenoy : * l'armée du Roi, incertaine de l'endroit où les ennemis vouloient porter leurs plus grands efforts, donna lieu au Maréchal de *Saxe*, de faire avancer de Rumignies plufieurs brigades, pour former une feconde ligne, derriere celle des Gardes Françoifes.

L'infanterie des Alliés fe mit en marche fur cinq colonnes ; deux colonnes Hollandoifes tenterent deux fois de rompre les troupes qui étoient entre Antoin & Fontenoy, fans pouvoir y réuffir : deux autres colonnes s'avancerent pour emporter Fontenoy, leurs attaques furent vives, mais il fortit de ce village un feu fi prodigieux d'artillerie & de moufqueterie, qu'elles furent auffitôt repouffées, & que la terre fut jonchée de morts & de bleffés.

Comme Fontenoy faifoit un point capital, il importoit aux François de le bien défendre, & de le conferver ; fi les ennemis s'en fuffent emparés, ils s'y feroient peut être maintenus; & il étoit à craindre qu'avec un tel appui ils ne fuffent parvenus à couper l'armée du Roi en deux ; mais Sa Majesté & fon Général y avoient pourvûs, en plaçant dans ce village les troupes néceffaires pour une vigoureufe défenfe.

Le Roi prévoyant bien que l'armée des ennemis n'ayant pû réuffir fur Fontenoy, tenteroit la rupture du centre de la

---

(*p*) Cette canonnade commença des cinq heures du matin ; M. le Duc de *Grammont*, Lieutenant Général, & Colonel des Gardes Françoifes, fut tué de la premiere falve des ennemis.

* Fontenoy, Village des Pays-bas, dans la Flandre, près de l'Efcaut, à une lieuë de Tournay.

fienne, fit avancer le régiment des vaiffeaux, plufieurs brigades
eurent les mêmes ordres ; le Comte *d'Eſtrés* tira huit efcadrons de
la premiere ligne de cavalerie, pour foutenir ces brigades, & le
Comte de *Lowendal* porta dans Rumignies des troupes de fa réferve, pour remplacer celles qui en étoient forties.

L ES ennemis tenterent une feconde attaque fur Fontenoy & fur
la redoute de la gauche ; mais ils n'eurent pas un meilleur fuccès
qu'à la premiere. Ce nouvel échec ne les rebuta point ; ils formerent
deux lignes d'infanterie fort épaiffes , & marcherent en très-bon
ordre pour attaquer le centre de l'armée du Roi : la colonne qui
attaqua la redoute de la gauche ne put réuffir ; mais celle qui attaqua le centre fit un feu fi vif & fi terrible, qu'il ébranla le front
de l'armée Françoife , qui fut obligée de céder quelque terrein :
le peu de défordre qui fe mit enfuite dans l'infanterie de l'armée
du R OI, ne put être attribué qu'à la grande fupériorité des ennemis , & aux intervalles que les François avoient été contraints
de laiffer entre leurs bataillons, afin d'en porter quelques-uns à
leur gauche, & à la pointe des bois de Barry & de Leuze, dans
la crainte que les ennemis ne les attaquaffent par le flanc.

L E Roi, pour donner le tems à fon infanterie de fe reformer,
fit marcher en avant fa premiere ligne de cavalerie , qui chargea
les ennemis avec autant de bravoure que de vivacité ; mais le feu
des Alliés fut fi violent, qu'elle fut obligée de plier & de fe rallier
derriere la feconde qui la foutenoit ; cette derniere fut également
forcée de céder à l'épouvantable feu qu'elle effuya ; la cavalerie
Françoife ne perdit cependant point courage , & revint plufieurs
fois à la charge.

L ES troupes de la réferve chargerent auffi les ennemis, fans
pouvoir les faire reculer ; leur feu étoit fi terrible , que leurs
colonnes fembloient deux forterefles embrafées : ces troupes
chargerent à plufieurs reprifes , & donnerent le tems à l'infanterie Françoife de fe rallier, & de fe reformer fur le front.

L ES Alliés qui n'avoient pas encore perdu le moindre terrein, s'aviferent de former *un bataillon quarré long*, qui réuniffoit
prefque toute leur infanterie ; il en fortoit de tous côtés un feu

violent & meurtrier, & plufieurs piéces de canon formoient les têtes d'un hydre qui vomiffoit des cartouches & des bales de fonet du poids de deux onces.

LE fort parut alors fe déclarer en faveur des ennemis, ils crioient déja victoire, & faifoient à leur droite & à leur gauche les derniers efforts pour s'emparer du pofte de Fontenoy & de la redoute de Barry, dont dépendoit la perte ou le gain de la bataille : leur triomphe fut de peu de durée, ils s'étoient trop engagés : trois corps de héros * qui n'étoient pas encore entrés en lice, & qui avoient attendu le moment le plus périlleux, & l'ordre du ROI, ramenerent bientôt la fortune du côté de la France. Les brigades des Vaiffeaux, de Normandie & des Irlandois, eurent ordre d'attaquer le bataillon quarré par fa droite, celles du ROI, de la Couronne & d'Aubeterre, de l'attaquer par la gauche, & la Maifon du ROI, la Gendarmerie & les Carabiniers de le charger de front : deux bataillons des Gardes Françoifes, fous les ordres de M. le Comte de *Chabannes*, fe joignirent aux brigades des Vaiffeaux & de Normandie, & le Maréchal de *Saxe* fit avancer quatre piéces de canon, entre la cavalerie & l'infanterie, pour contenir un peu les batteries des ennemis qui ne ceffoient pas de tirer à cartouches.

APRÉS que la Maifon du ROI, la Gendarmerie, & les Carabiniers fe furent mis en mouvemens; ces troupes furent auffitôt remplacées par une partie de celles qui étoient au Mont de Trinité : une fi fage difpofition produifit à l'inftant tout l'effet que SA MAJESTÉ & fon Général en avoient attendus, & opéra le gain de la bataille. Les troupes exécuterent toutes enfemble, les ordres dont elles furent chargées, avec tant de vigueur & de courage, qu'elles enfoncerent ce bataillon formidable, ou plutôt cet hydre à quatre têtes, & ces braves guerriers s'en firent des remparts de morts & de mourans.

LA valeur des ennemis, & la violence de leur feu, ne purent empêcher l'armée du ROI de rompre, de battre, & de repouffer ce bataillon bien au-delà du champ de bataille. Le défordre des

---

* LA Maifon du ROI, la Gendarmerie | & les Carabiniers.

ennemis fut fi grand, qu'ils entraînerent dans leur déroute, une feconde colonne de leur infanterie, & toute leur cavalerie qui venoit pour les foutenir.

PENDANT que cette attaque fe fit dans le centre, & que tout y étoit encore dans l'incertitude ; l'infanterie Hollandoife, qui n'étoit point du corps du bataillon quarré, forma une colonne, foutenue d'une autre de cavalerie, & marcha pour attaquer le front de la ligne qui étoit entre Antoin & Fontenoy : la marche de ces deux colonnes fut ferme & affurée, le feu du canon ne les ébranla pas ; elles s'avancerent en très-bon ordre ; mais elles furent fi bien reçues, qu'après avoir tenté plufieurs fois de rompre les troupes Françoifes, elles furent obligées de fe retirer.

TOURNAI & la tranchée faifoient un feu qui n'étoit pas moins épouventable que celui de Fontenoy ; cette ville qui devoit être le prix d'une fi fanglante journée, faifoit une telle impreffion fur l'efprit des troupes des deux armées, que la préfence de la mort loin de les intimider, les animoit encore davantage.

QUAND on fe repréfente l'animofité, les coups, les cris, les menaces réciproques de plus de cent mille combattans, armés à leurs ruines, tant à Tournai qu'à Fontenoy, le feu & la foudre de cent mille fufils & de deux cens piéces de canon, dont le tonnerre effrayant étoit mille & mille fois répété par l'Efcaut, & par toutes les forêts qui l'environnent ; on doit s'imaginer, que jamais l'air & la mer ne furent agités d'une plus horrible tempête, que l'étoient Tournai & le champ de Fontenoy.

LA préfence & le courage du Monarque tinrent quelque tems le gain de la bataille en balance, & la vigoureufe réfiftance des ennemis donna le loifir à la victoire de préparer à fon héros une couronne ineftimable, puifque la fortune n'y eut aucune part.

DANS ce cruel combat où regnerent l'horreur & l'effroi ; tout ce que la mort a de plus affreux fut repréfenté au naturel : les morts & les mourans furent foulés aux pieds de la cavalerie, les Officiers & les Soldats n'écouterent que leur colere.

LE moment arriva où les Alliés ne combattirent plus pour la

victoire ; mais feulement pour fauver leurs vies. Enfoncés & rompus de tous côtés , la cavalerie Angloife & Hannovrienne recueillit fon infanterie qui fuyoit de toutes parts , & commença la retraite : ( *q* ) les ennemis furent pourfuivis jufqu'à l'entrée des bois de Barry , où les Graffins acheverent leur défaite.

LE combat fini , le ROI porta les trois lignes de fon armée à fept où huit cent pas en avant du champ de bataille ; il en parcourut les rangs , & donna à toutes fes troupes les juftes louanges qu'elles méritoient : on eut dépeuplé la terre entiere de fes lauriers, s'il eut fallu couronner tous ceux qui s'en rendirent dignes.

ON ne pût affez admirer la fermeté du Monarque , & la jufteffe des ordres qu'il donna pendant la bataille ; M. le Dauphin ne quitta point SA MAJESTÉ , qui fut toujours expofée au feu de l'artillerie des ennemis , & ce jeune Prince , loin d'être étonné du bruit horrible du canon , fon courage le porta jufqu'à vouloir charger à la tête des troupes : ces marques de valeur dans un Prince fi jeune & fi cher à la France , firent connoître ce qu'on doit en attendre.

LA bravoure & la capacité du Maréchal de *Saxe*, que tout le monde lui connoiffoit, brillerent avec éclat pendant toute l'action ; SA MAJESTÉ marqua publiquement à ce grand Général combien elle avoit été fatisfaite de fes difpofitions pour le combat , & de la conduite qu'il avoit tenue , tout le tems qu'il avoit duré.

LES Officiers Généraux fe fignalerent également dans l'exécution des ordres qu'ils reçurent de SA MAJESTÉ ; ils chargerent tous , à la tête des diférentes troupes auxquelles ils furent employés , avec tant de zele & de courage , que le ROI leur en témoigna fon contentement au milieu du champ de bataille.

LE Comte d'*Argenfon*, Miniftre de la guerre , accompagna le ROI partout ; il vit combattre un nombre infini de braves Officiers qu'il avoit animé à bien fervir le Monarque ; fes travaux eurent un heureux fuccès, fes défirs furent accomplis, & il fut témoin de la fatisfaction de fon Maître.

( *q* ) CETTE retraite commença fur les | deux heures après midi.

L'ARMÉE

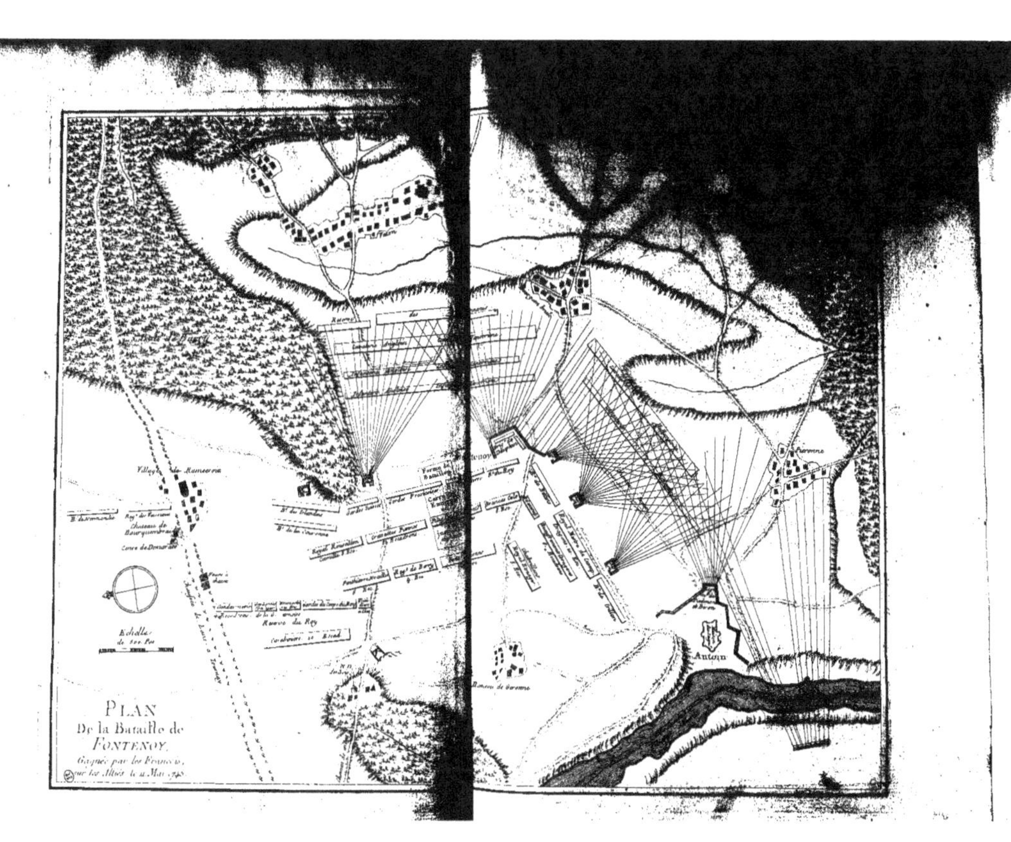
Village de Ramecrou
Echelle de 500 Pa
PLAN
De la Bataille de
FONTENOY,
Gagnée par les François,
sur les Alliés le 11 Mai 1745
Fontenoy
Antoin
Barry

L'ARMÉE des ennemis étoit compofée de cinquante-cinq mille combattans, celle des François ne paffoit pas quarante mille par le nombre confidérable qu'ils avoient laiffés au fiége de Tournai, & dans différens poftes pour garder la communication de l'armée ; malgré l'infériorité des François, rien ne manqua à la défaite des ennemis ; quelle valeur, en effet, eut été capable de vaincre des foldats qui combattoient en préfence & fous les ordres de leur ROI ?

LE champ de bataille demeura aux François ; les Alliés abandonnerent vingt piéces de canon, & perdirent plus de huit mille hommes, tués, bleffés, ou prifonniers : la perte des François monta à trois mille cinq cens hommes tués ou bleffés.

ON ne fauroit fe difpenfer de rendre juftice aux Alliés ; leurs attaques furent vives & pleines de courage, leurs manœuvres belles, & tous leurs mouvemens bien conduits.

APRÉS que les ennemis fe furent entierement retirés, les troupes Françoifes pafferent le refte de la journée & la nuit fur le champ de bataille, & SA MAJESTÉ retourna au village de Calonne.

MONSIEUR le Comte d'*Eftrées*, à la tête de quatre mille hommes, du nombre defquels étoient les Graffins, & qui avoit fous fes ordres le Comte de *Beuvron*, Maréchal de camp, M^rs. de *Gravel* & de *Tarneau*, Brigadiers, le Marquis d'*Egmont*, M^rs. de *Soify* & la *Maffaye*, Colonels, fut chargé de pourfuivre les ennemis pendant la nuit ; ce Général leur prit 182 chariots remplis de munitions de guerre & de bouche ; enfuite, les Alliés fe retirerent dans la plaine de *Leffines*, *fous le canon* Dath. *

* MESSIEURS, le Duc de *Grammont*, du *Brocard*, le Chevalier *de Dillon*, le Marquis de *Cliffon*, d'*Efcher*, le Chevalier *de Suzy*, le Chevalier *de Chevrillé*, de *Marclefi* & d'*Oneille*, furent tués fur le champ de Bataille. Meffieurs, *de Saumery*, le Marquis de *Langey*, le Marquis de *Craon* & de *Longaunay*, moururent de leurs bleffures. Meffieurs, le Chevalier *de Luteaux*, le Chevalier d'*Apcher*, de *Gault*, *Defcajeul*, le Duc d'*Havré*, de *Refuveille*, de *la Serre*, le Baron de *la Peyre*, de *Villars*, de *la Pey-* roufe, le Chevalier *Dailly*, le Marquis *du Guefclin*, le Chevalier *de Monaco*, le Chevalier *de Champinelles*, de *Bonnaire*, le Marquis *de Puifegur*, de S. *Georges*, le Chevalier de *Mezieres*, le Marquis *de Gueri*, de *Pujol*, de *Mannery*, de *Guerty*, *Dubreuil*, & le Chevalier d'*Ollieres*, bleffés à la bataille.

DEPUIS S. LOUIS, aucun ROI de France n'avoit battu les Anglois en perfonne, en bataille rangée.

### Continuation du *fiége de* T o u r n a i.

Aussitot que les Alliés eurent été vaincus dans la plaine de Fontenoy ; les Francois marcherent au fiége de Tournai, acheverent le logement du chemin couvert, & établirent les batteries néceffaires pour battre en brêche, & pour ruiner les défenfes des flancs des affiégés : ces nouvelles difpofitions produifirent tout l'effet qu'on en avoit attendu ; le feu des ennemis fe rallentit, la face du demi baftion droit, & celle de la demi-lune furent abfolument ruinées ; le pont fur le foffé de la demi-lune fut fait, & celui des affiégés qui communiquoit fur le-même ouvrage fut entierement détruit, enforte qu'ils n'eurent plus de communication de l'ouvrage à corne avec la demi-lune. ( *a* )

Aprés que la demi-lune fur le front de l'ouvrage à corne fût emportée, les François s'y logerent ; le Monarque infatigable, accompagné de M. le Dauphin, alla vifiter les ouvrages de la tranchée ; ( *b* ) fi fa préfence augmenta le zele & le courage des travailleurs, il y eut tout à craindre pour les jours précieux de cet augufte héros, puifque le feu de la place redoubla, & que ce moment fut celui que les ennemis choifirent pour démafquer une nouvelle batterie.

Quoique les François fuffent entierement occupés aux travaux du fiége de Tournai ; ils trouverent cependant le tems, fans les difcontinuer, de rendre au Dieu des armées les folemnelles actions de grace qu'ils lui devoient, pour la célebre victoire qu'ils venoient de remporter fur les Alliés : ( *c* ) l'armée battit la générale, les troupes prirent les armes, & fe mirent à la tête du camp pour faire éclater leur joye fur le gain de la bataille de Fontenoy ; le feu de cent foixante piéces de canon fut le prélude des réjouiffances ; toutes les batteries de la tranchée tirerent fur le front de l'attaque, & l'on fit partir une gerbe de quarante-cinq bombes,

---

(*a*) Ces grands travaux fe firent pendant la nuit du 12 au 13 Mai.

(*b*) Le 14 Mai fur les cinq heures du foir.

(*c*) Le *Te Deum* fut chanté fous la Tente du Roi, le 15 Mai, dix heures du matin, & les rejouiffances commencerent à cinq heures du foir le même jour.

qui fut fuivie d'une falve générale de moufqueterie de toute l'armée : le-même bruit fe fit entendre jufqu'à trois fois différentes, & toujours dans le même ordre : ce feu plus terrible que réjouiffant pour les Alliés, donna l'allarme à la garnifon & à la bourgeoifie de Tournai ; les uns crurent que c'étoit une feconde bataille, & les autres s'imaginerent que M. le Duc de *Cumberland* venoit faire lever le fiége de leur ville, & que par cette raifon les François avoient réfolus de la bombarder.

MALGRÉ le feu continuel de la place, & les bombes que les affiégés ne ceffoient point de jetter, & qui endommagerent confidérablement les ouvrages de la tranchée ; les François parvinrent en moins de fix jours à faire brêche au corps de la place, à emporter d'affaut l'ouvrage à corne, & à fe loger fur l'angle & fur une partie de l'attaque gauche du chemin couvert de la demi-lune ; ils fe porterent même jufques dans le terreplein du chemin couvert ; la partie de la parallele à la face droite de la demi-lune fut allongée jufqu'au pied du parapet de la branche droite de l'ouvrage à corne ; on entra dans l'épaiffeur de ce parapet, d'où l'on découvrit fi bien la place d'armes rentrante du chemin couvert du baftion blandinois, que les ennemis eurent beaucoup de peine à s'y maintenir : la partie de la parallele à la face gauche de la demi-lune fut également allongée jufqu'au pied du chemin couvert. (*d*)

TELLES étoient les opérations du fiége, lorfque le Gouverneur de Tournai fit arborer le drapeau blanc ; (*e*) il envoya fes ôtages, les propofitions qu'ils firent furent long-tems débattues de

---

(*d*) Pendant la nuit du 16 au 17 Mai, M<sup>rs</sup> de *Ville - Fort* Sous - Lieutenant des Grenadiers de Piedmont, & de *Villonier* Lieutenant au Régiment de la Cour au Chantre, furent tués : les Officiers bleffés furent M<sup>rs</sup> de *Conftantin*, Capitaine de Grenadiers, de la *Merie*, Lieutenant aux Grenadiers du Régiment de Piedmont, de *Sauvageron*, Lieutenant au Régiment d'*Orléans*, & de *Courfonne* Lieutenant des Grenadiers au même Régiment. Le 18 Mai, M<sup>rs</sup> de *Regemorpes*, Sous-Brigadier des Ingénieurs, de la *Chaife*, Chef de Brigade, & de *Montifault*, Lieutenant au Régiment de Normandie, Ingenieur volontaire, furent bleffés. Le 19 M. de S. Laurent, Capitaine au Régiment de Piedmont, fut tué à l'entrée de la fappe. M. *Mazin* Ingénieur, fut bleffé d'un coup de feu dans la cuiffe pendant la nuit du 20 au 21.

(*e*) Ce fut le 21 Mai fur les quatre heures du foir.

part & d'autre ; le R o i ne put les accorder , les ôtages furent renvoyés, & les hoftilités recommencerent.

U n détachement de cent cinquante Maitres de la Gendarmerie, prit pofte à l'entrée du premier boyau de la tranchée ; on forma un logement dans la place d'armes rentrante du chemin couvert , qui étoit commun au baftion blandinois , & à la branche droite de l'ouvrage à corne , & l'on travailla enfuite à l'établiffement d'une batterie pour ruiner les défenfes de ce baftion : on prépara les bois & les fafcines néceffaires pour la conftruction du pont de la brêche faite au corps de la place , par la batterie de huit piéces de canon, qui étoit fur la courtine , & qui fervit à élargir la brêche entamée par fept autres piéces de canon , qui étoient au haut du chemin couvert : le progrès des travaux , la vivacité du feu de ces deux batteries, & tant d'autres difpofitions , bien capables d'opérer en peu de jours la ruine de Tournai , obligerent le Gouverneur à faire replanter le drapeau blanc fur la brêche : ( *f* ) les ôtages

(*f*) L e Gouverneur de Tournay fe rendit le 22 Mai 1745 ; la Capitulation fut fignée le 23 , & portoit. 1°. Que le lendemain à la pointe du jour une des portes de la Ville feroit remife aux Troupes du Roi , & qu'à deux heures précifes après midi, toutes les Troupes Hollandoifes feroient entrées dans la Citadelle. 2°. Que le lendemain quatre heures du matin , des Commiffaires des Guerres & de l'Artillerie de l'Armée du Roi, fe rendroient à Tournay , pour dreffer conjointement avec les Commiffaires des Etats Généraux, les Etats d'Artillerie , vivres , munitions de Guerre, &c. 3°. Que le R o i vouloit bien donner fes Ordres pour le traitement des bleffés qui refteroient dans la Ville , & qui fuivroient le fort de la garnifon de la citadelle lors de fa reddition. 4°. Que le R o i vouloit bien après que la garnifon feroit rentrée dans la citadelle, accorder au Commandant des Troupes Hollandoifes la permiffion d'envoyer un Courier aux Etats Généraux , pour recevoir leurs ordres au fujet de la reddition de la place ; & que fa Majefté accordoit les huit jours demandés pour en recevoir la réponfe , promettant de ne point faire commencer l'attaque de la citadelle avant le premier Juin , que pendant ces huit jours, les chofes refteroient dans l'état où elles étoient par raport à la citadelle , que les hoftilités ceffe-roient de même que tous les travaux , à la referve d'une ligne qui feroit tirée & élevée fur l'efplanade entre la citadelle & la ville, pour la fûreté , tant des Troupes de S a M a j e s t é que des Troupes Hollandoifes ; & que cette ligne feroit gardée par les troupes du Roi. 5°. Que S a M a j e s t é ne feroit point attaquer la citadelle fur toute l'étendue de l'efplanade ni des deux parties du rempart qui joignoient la ville à la citadelle. 6°. Que la citadelle de fon côté, ne tireroit fur la ville fous aucun prétexte. 7°. Que le Paté de S. Martin refteroit neutre, ainfi qu'il en avoit été ufé au dernier Siege. 8°. Qu'il feroit permis à M. le Baron d'*Arth* de laiffer dans la ville un Officier ou Commiffaire pour s'adreffer à celui qui y commanderoit , afin d'avoir fon affiftance ,

**furent**

furent envoyés de part & d'autre, les propofitions furent remifes au R o i, & la capitulation fut fignée le lendemain : le Gouverneur de Tournai s'enferma dans la citadelle avec la garnifon qui lui reftoit, & S a  M a j e s t é eut la bonté de lui accorder un délai de huit jours, pour informer les Etats Généraux de fa fituation.

L e Monarque profita de cette fufpenfion, pour faire éclater fa générofité ; il remplaça les grands emplois des Généraux qui n'exiftoient plus, & qui avoient répandu leur fang pour le falut de la patrie ; il donna aux uns des régimens & des penfions, les autres furent faits chevaliers, revêtus de grades d'honneur, & gratifiés par des Gouvernemens ; enfin le R o i répandit fes bienfaits, fuivant fa juftice diftributive, fur tous les Officiers qu'il avoit vu combattre & commander fous lui.

### *Siége de la Citadelle de* T o u r n a i.

A u s s i t o t que le Gouverneur de Tournai eut reçu l'ordre des Etats Généraux de fe défendre jufqu'à la derniere extrémité, il en fit informer le R o i, & la tranchée fut ouverte fur le champ devant la citadelle. ( *a* )

C o m m e il avoit été arrêté dans la capitulation de la ville, que le Gouverneur recevroit dans la citadelle, les femmes & les enfans qui appartenoient à la garnifon, le R o i les lui envoya ; la porte de la citadelle leur fut refufée, & le Commandant les aban-

pour la police, les plaintes où les chofes dont ils pourroient avoir befoin. 9°. Que M. le Baron d'*Orth* laifferoit un Officier de mineurs, pour indiquer à ceux du Roi, les mines & fouterrains dépendans de la ville, lequel feroit renvoyé dans la citadelle au bout de huit jours.

L e s Officiers Généraux qui monterent la tranchée pendant le Siége, furent M<sup>rs</sup>. le Prince de *Pons*, le Marquis de *Brezé*, le Duc de *Luxembourg*, le Comte d'*Eftrées* & le Comte de *Langeron*, Lieutenans Généraux ; le Marquis d'*Armentieres*, le Marquis de *Souvré*, le Duc de *Chevreufe*,

Le Marquis de *Rubempré*, le Duc d'*Aumont*, le Duc d'*Ayen*, le Duc de *Chaulnes*, le Chevalier d'*Agueffeau*, le Marquis de *Crequi*, & le Marquis de *Muy*, Maréchaux de Camp ; *Degravelle* & le Marquis de *Chambonnas*, Brigadiers.

L e Marquis de *Meufe*, Lieutenant Général, fe trouva à l'attaque de l'ouvrage à corne en qualité d'aide de camp du Roi.

( *a* ) L a nuit du 31 Mai au premier Juin le Regiment des Gardes Françoifes ouvrit la tranchée devant la citadelle de Tournai.

donna fur les glacis : ces innocentes victimes feroient péries de faim & de mifere, fi S A M A J E S T É ne les eût pas fait retirer, fi elle ne leur eût pas fait donner des vivres , & fait fournir des voitures pour les tranfporter à Gand , où elles arriverent en publiant la gloire & les vertus du vainqueur.

L A tranchée ouverte, on commença à battre la citadelle avec foixante mortiers, & une batterie de fix piéces de canon ; la violence du feu de ces batteries caufa un fi grand défordre chez les affiégés , qu'ils abandonnerent fur les glacis cent cinquante chevaux de cavalier, n'ayant pas de quoi les nourrir : les François s'occuperent enfuite à refferer la garnifon de la citadelle , & à empêcher les forties ; on commença une parallele du haut de la branche droite de l'ouvrage à corne de S. Martin, fur le ruiffeau Derre vers Pontarieu, on conftruifit une redoute à l'extrémité de l'angle faillant du chemin couvert , & l'on forma dans le foffé de communication de la ville à la citadelle, deux zigzags qui aboutiffoient à la derniere tour de la vieille enceinte de la ville.

P L U S les travaux des François avancerent, plus leurs batteries augmenterent ; ils établirent des mortiers pour des bombes de cinq cent, appellées comminges, ( b ) & à la faveur d'une branche de zigzags, pouffée très-loin dans le foffé de communication de la ville à la citadelle, le mineur perça la contrefcarpe pour la foüiller & éventer les mines des affiégés.

L A premiere fortie que les ennemis tenterent, (c) pour combler les travaux des François, ne leur réuffit pas ; la brave réfiftance des affiégeans fit échoüer leur deffein ; ils furent repouffés, fe retirerent en défordre, & perdirent plus de quatre-vingt hommes tués ou bleffés.

L E S nouvelles batteries Françoifes ayant commencé à tirer, les affiégés réunirent toutes leurs forces fur les zigzags dans le foffé , & firent une feconde fortie de leurs traverfes, ( d ) pour

---

(b) Ces bombes font beaucoup de bruit & de fracas, peu de voutes leur réfiftent.

(c) Ce fut le 4 Juin au point du jour : cette fortie étoit de 800 hommes avec des travailleurs. M. de Graville, Maréchal de Camp , commandoit la tranchée.

(d) C E T T E feconde fortie fe fit pendant la nuit du 5 au 6 Juin.

ſe jetter de deſſus le chemin couvert ſur les zigzags , & les faire abandonner ; à peine les ennemis ſe furent ils préſentés , que les grenadiers de tranchée les obligerent de ſe retirer : les deux ſorties que les aſſiégés firent encore dans la ſuite (*e*) n'eurent pas un ſuc-cès plus heureux.

L'ATTAQUE de cette citadelle fut ſuivie avec de grandes précautions ; le Roi comme un autre Themiſtocle , ne voulut point qu'on expoſât ſes ſoldats mal à propos ; ce Monarque rem-pli d'humanité , toujours prêt à faire du bien & à ſoulager juſ-qu'à ſes ennemis qui recouroient à ſes bontés , ayant appris que le Baron d'*Orth* , Gouverneur de la citadelle de Tournai, y étoit tombé dangéreuſement malade, (*f*) il lui permit de venir loger dans la ville, & le Baron de *Brackel* prit ſeul le commandement & la direction des opérations néceſſaires pour la défenſe de la place.

La clémence de SA MAJESTÉ n'empêcha pas le progrès des travaux, puiſque dès le lendemain les aſſiégeans ſe trouverent en état de battre en brêche le baſtion d'Anjou.

La brêche étant devenue en peu de jours très-praticable pour un grand nombre de troupes ; on réſolut de doubler la garde de la tranchée pour s'emparer du chemin couvert : les aſſiégés s'en étant apperçus, & le Commandant de la place ayant fait ſauter juſqu'à lors quantité de fourneaux , & employé pour ſa défenſe , tout ce que l'on pouvoit attendre d'un brave Officier , fit planter le drapeau blanc ſur la brêche. (*g*)

---

(*e*) LES 8 & 12 Juin.

(*f*) LE 14 Juin.

(*g*) LE Drapeau blanc fut arboré ſur la brêche le 19 Juin, il fut convenu par la Capitulation ſignée le 20. 1°. Que le Régi-ment des Gardes Françoiſes prendroit poſ-ſeſſion de la porte Royale, le même jour 20, à quatre heures après midi. 2°. Que SA MAJESTÉ très-chrétienne vouloit bien ac-corder à la garniſon de la citadelle, de ne ſortir que le 24 huit heures du matin, pour donner le tems aux Officiers de la garni-ſon de s'arranger & d'emporter leurs effets. 3°. Que SA MAJESTÉ très - chrétienne vouloit bien accorder à la garniſon de ſor-tir avec les honneurs de la guerre, quatre piéces de canon & deux mortiers, aux armes de la République , ainſi que douze coups à tirer par chaque piéce, & vingt-quatre coups par homme : mais ſans cha-riots couverts. 4°. Que les troupes de cette garniſon ne pourroient porter les armes contre ſa MAJESTÉ très - chrétienne ni contre ſes Alliés, juſqu'au premier Jan-vier 1747 , & qu'elles ne feroient aucune fonction militaire , de quelque nature que ce pût être, pas même de garniſon dans les places les plus reculées de la frontiere.

C E Commandant exécuta bien ponctuellement les ordres qui lui avoient été donnés ; il ne fe rendit , pour éviter l'affaut qu'on

5°. Que ni les Officiers , ni les Soldats de cette garnifon, ne pourroient pareillement être incorporés dans d'autres régimens , pendant ledit tems, ni paffer à aucun fervice étranger. 6ª. Que Sa Majesté très-chrétienne vouloit bien accorder le pardon à tous les déferteurs de fes troupes, qui fe trouvoient dans la citadelle, à condition qu'ils retourneroient auffitôt aux régimens dont ils avoient déferté. 7ª. Que le cours de la juftice feroit continué & exercé dans la ville au nom de Sa Majesté très-chrétienne. 8ª. Que les Habitans qui voudroient fortir de la ville ou de la citadelle pour fe retirer ailleurs avec leurs familles & effets, pourroient le faire librement pendant l'efpace de trois mois,à commencer du jour de la capitulation ; & qu'à cet effet on leur donneroit les paffe-ports & fauve gardes néceffaires.

L es Officiers Généraux qui monterent la tranchée pendant le Siége , furent Mrs le Comte de la *Marck* , le Marquis de *Contades* , le Comte de *Graville* , le Comte de *Beuvron* , le Marquis de *Souvré* , le Duc de *Chevreufe* , le Marquis de *Rubempré* , le Duc d'*Aumont* , le Prince de *Soubife* , le Duc de *Chaulnes* , le Chevalier *Dagueffeau* , le Comte de *Logny Montmorency* , le Marquis de *Meʒieres* , le Marquis de *Crequy* , le Comte du *Muy* , le Marquis *Danleʒy* , le Marquis de *Sourches* , le Comte de *Rofen* & le Comte de *Fitʒ-James* , Maréchaux de Camp.

L a Garnifon fortit de Tournai le 24 Juin 9 heures du matin , par la porte des fept fontaines , le R o i , accompagné de Monfeigneur le Dauphin , vit défiler devant lui cette garnifon , compofée d'environ cinq mille hommes ; enfuite , le Monarque entra dans la ville , il reçut à la première barriere les refpects des Magiftrats , qui avoient à leur tête le Prince de *Tingry* , Lieutenant Général au Gouvernement de Flandre , qui préfenta à S a

Majesté les clefs de la ville , & l'on commença le 26 à démolir les ouvrages extérieurs de Tournai.

#### Remarques fur la ville de Tournai.

Apres que Tournai eut été pendant 130 ans une des principales clefs de la France,elle devint en 1709 une des plus fortes barrieres des ennemis : cette ville des Pays-bas eft fituée fur l'Efcaut , qui la divife en deux villes , & qui font jointes enfemble par un pont. Toute la ville eft entourée d'une ancienne muraille qui fut élevée en 1297 , & fur laquelle il y a 55 tours rondes. L o u i s XIV fit conftruire fur cette enceinte un rempart , garni d'un bon & fuffifant parapet ; cette enceinte eft défendue par neuf baftions détachés , & par un ouvrage à corne , avec un bon chemin couvert , le tout revêtu de maçonnerie , & c'eft ce qui compofe la moitié des fortifications de la ville au nord-eft : la plupart de ces ouvrages font fur un fond de roche , ce qui rend l'approche de la ville affez difficile : le grand foffé de ce côté-là peut être innondé par les éclufes qui retiennent les eaux de l'Efcaut au-delà de la ville. L'autre moitié de la place au fud-oueft , eft fortifiée de fix baftions détachés de l'enceinte , d'un fer à cheval, de trois ouvrages à corne , dont deux font traverfés , outre deux pâtés cazematés & garnis de galeries qui ont communication avec la citadelle ; le tout revêtu de maçonnerie , & défendu par un bon chemin couvert : le grand foffé eft fec & a plufieurs traverfes pour le défendre.

Tournai étoit une des principales villes des Gaules , lorfqu'elle fut ravagée par les barbares au commencement du cinquiéme fiécle ; elle fut prife fur les Romains dans le même fiécle , par Clodion Roi de France. Chilperic I. Roi de Soiffons & petit-fils de Clodion fe fauva dans Tournai l'an 575 ; Sigebert Roi d'Auftrafie l'y affiégea

lui

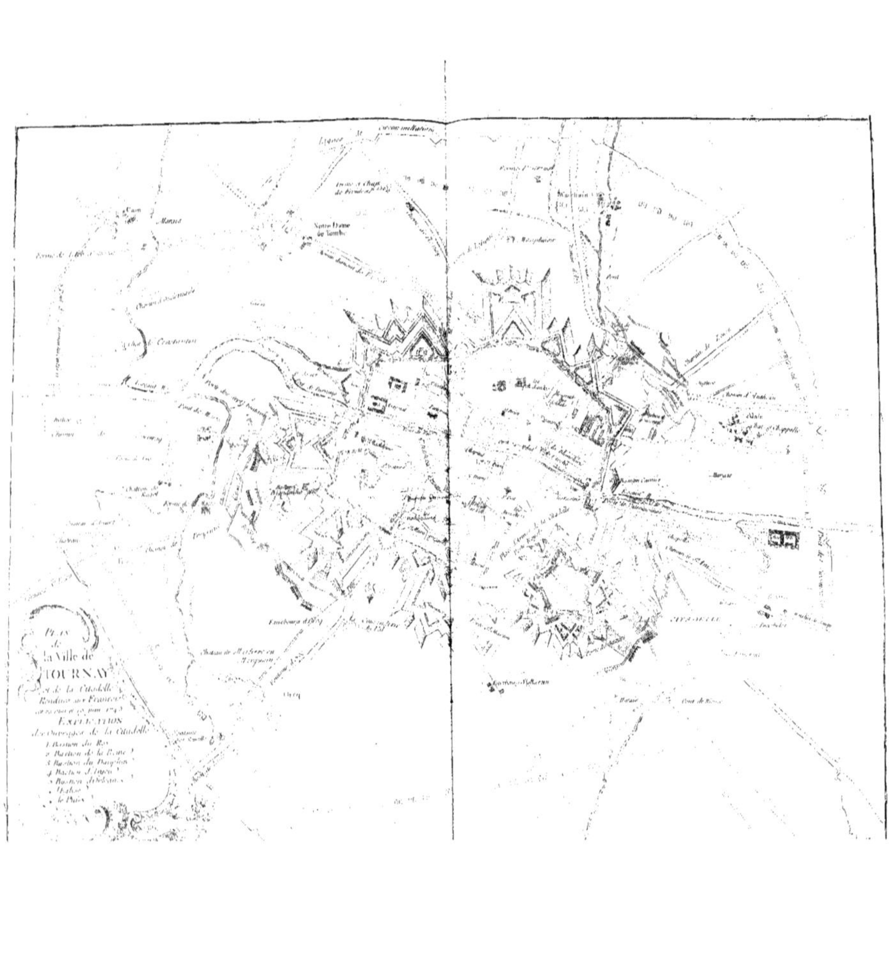
Plan de la Ville de TOURNAY et de la Citadelle Rendües aux François
EXPLICATION des ouvrages de la Citadelle
1. Bastion du Roi
2. Bastion de la Reine
3. Bastion du Dauphin
4. Bastion d'Anjou
5. Bastion de Berri
6. Chateau
7. le Puits

lui préparoit, qu'après que toutes les batteries de la citadelle furent presque démontées, que les puits furent infectés, & que la
poudre eut commencé à lui manquer.

& fut affassiné dans son camp la même année; Chilperic en sortit l'année suivante.
Par le traité d'Arras, lorsque Charles VII.
céda une partie de la Picardie au Duc de
Bourgogne, ce Roi se réserva Tournay;
après la mort du Duc, Louis XI. s'en rendit maître absolu & y mit garnison françoise en 1477 ... sous le regne de Louis
XII. en 1513, l'Empereur Maximilien &
Henry VIII. Roi d'Angleterre en firent le
siége & la prirent ... en 1517, l'Angleterre l'a rendit à la France; mais en 1521
la guerre ayant été déclarée entre l'Empereur Charles V. & le Roi François I. la
ville fut assiégée & prise par les Impériaux;
sous les ordres du Comte de Nassau ... Par
le traité de Madrid, après la bataille
de Pavie, le Roi François I. céda à l'Empereur & à ses héritiers successeurs, la ville
de Tournay avec ses dépendances & an-
nexes; ce qui fut confirmé par les traités
de Cambray en 1529, de Crepy en Laon-
nois en 1544, & par celui du Cateau-Cam-
bresis en 1559. Le Roi Louis XIV. assiégea
& prit Tournay en quatre jours, le 26 Juin
1667: ce Monarque y fit bâtir à la porte,
du côté de l'Escaut, quatre moulins qui
ont fait subsister une armée de cent mille
hommes, chaque moulin pouvant moudre
cinq raziéres de bled par heure.

Louis XIV. fit bâtir la citadelle de Tournay en 1672, suivant le plan de M. de
*Mégrigny* fameux Ingénieur; cette Citadelle est un Pantagone régulier, dont le
diametre est de deux cens cinquante toises:
Louis XIV. l'étant venu voir, & M. de
*Mégrigny* qui en avoit le commandement,
ayant demandé à Sa Majesté si elle y trouvoit quelques défauts: Ce Monarque lui
répondit qu'il n'y manquoit que quatre
roues pour la faire transporter où il en seroit besoin.

*Remarques de M. Pelisson sur cette Citadelle.*

» LA Citadelle de Tournay, dit M.
» *Pelisson*, est d'une force admirable, c'est
» un très-grand & très-beau travail; les
» catacombes, où Rome souterraine sont
» là en petit; pas si petit pourtant, que qui
» mettroit ensemble tous les tours, détours
» & rameaux de ces voutes souterraines,
» ne fit plus de deux lieuës; car non-seule-
» ment tout est contreminé sous les bastions
» & sous le corps de la place entière, mais
» aussi fort loin au-delà des dernieres con-
» trescarpes sous les glacis; la difficulté est
» qu'il faudroit un homme très-habile pour
» s'en bien servir, & qu'il eût étudié la
» carte des lieux sur terre & sous terre; car
» ceux même qui nous conduisirent, se
» tromperent quelquefois à juger de l'en-
» droit où nous étions; & quiconque seroit
» dans ces souterrains sans guide, en sor-
» tiroit plus difficilement, que *Thesée* du
» labyrinthe.

## CHAPITRE SECOND.

### Choc de MELLE.

AVANT de parler du combat de Melle , où les Graffins fe diftinguerent avec tant d'éclat , fuivons l'armée du Roi dans la marche qu'elle fit , après s'être repofée pendant quelques jours fur les nouveaux lauriers qu'elle venoit de cuëillir;

L'ARMÉE ayant quitté le camp fous Tournai, ( *a* ) paffa l'Efcaut & marcha fur cinq colonnes; le ROI, accompagné de M. le Dauphin, fe mit à la tête de fa Maifon & de la Gendarmerie, qui formoient la colonne du centre, & l'armée arriva dans la plaine de Leuze, où elle campa fur le bord de la Teure. ( *b* )

LE lendemain le ROI, toujours accompagné de M. le Dauphin, vit avec plaifir le fameux champ de bataille, où le Maréchal de *Luxembourg*, avec vingt-huit efcadrons de cavalerie, en battit foixante & quinze des Alliés , commandés par le Prince de *Waldeck*, & leur prit quarante étendarts : ( *c* ) LOUIS XIV trouva cette action fi glorieufe & fi belle, qu'il fit frapper une médaille à ce fujet.

LES Alliés qui avoient perdu avec la bataille de Fontenoy, l'efpérance d'en pouvoir foutenir une autre, pafferent la Dendre; ( *d* ) le même jour, un détachement de Hullans, de Huffards de Lynden & de Beauffobre, enleva aux ennemis un convoi de vingt-cinq chariots de pain, fur la chauffée qui fe trouve entre Mons & Grammont, & le lendemain l'armée marcha à Rebay, où elle campa.

AUSSI-TOT que notre armée eut quitté le camp de Rebay, pour aller occuper celui de Vambeck, & celui de la chartreufe de Grammont, où elle féjourna, M. *Duchayla*, Lieutenant Général,

---

( *a* ) LE premier Juillet 1745.

( *b* ) LA *Teure* petite riviere qui prend fa fource dans les environs de Leuze.

( *c* ) LE combat de Leuze fe donna le 18 Septembre 1691.

( *d* ) CE fut pendant la nuit du 2 au 3 Juillet 1745.

Defaite de six milles hommes
des alliés à mêle le 9 Juillet
1745.

fut détaché avec les brigades de Normandie & de Crillon infanterie, les Brigades du Roi, Royal Etranger, Berry cavalerie & huit cent Graffins, pour jetter un pont fur l'Efcaut, entre Gand & Dendermonde, dans un endroit où cette riviere forme un ance confidérable, & propre à s'y retrancher.

L E Comte de *Lowendal*, Lieutenant Général, fut auffi détaché avec les régimens de Meftre de Camp Général, Royal, Asfeldt, d'Egmont dragons, & quatre régimens de Grenadiers Royaux, ayant fous lui le Duc de *Chevreufe*, & le Comte d'*Hérouville* Maréchaux de camp, pour fe porter fur la gauche de l'Efcaut, pendant que l'armée marcheroit entre cette riviere & la Dendre : on verra dans la fuite, que l'objet de ce détachement étoit de furprendre la ville de Gand, en conciliant fes mouvemens avec ceux que feroit le corps de troupes que commandoit M. *Duchayla.*

A peine notre armée fut-elle arrivée à Boft, où elle campa, que M. *Duchayla* marcha à la tête de fon détachement, avec vingt pontons & vingt piéces de canon, pour jetter un pont fur l'Efcaut, afin d'empêcher fix mille Anglois poftés à Aloft ( *e* ) d'entrer dans la ville de Gand & d'en augmenter la garnifon : un petit détachement de Huffards ennemis, voulut reconnoître le chemin de Gand, les Graffins qui tenoient la même route, rencontrerent nos fiers ennemis, qui furent battus & obligés de fe retirer ; les fix mille Anglois informés de cette fatale rencontre, partirent fur le champ d'Aloft pour s'en venger, & dans le deffein d'envelopper nos Graffins qui couvroient la marche de M. *Duchayla.*

CE fut en cette occafion, que M. *Graffin* donna des preuves de fa valeur & de fon expérience ; ce brave Commandant à la vuë des ennemis, fe jetta à la hâte dans la cenfe de Naffem ; & des hayes & de l'enceinte de cette cenfe, il fit faire un feu fi vif & fi terrible fur les ennemis, qu'ils réfolurent d'en former le blocus : les Anglois fe fioient tellement fur leurs forces, qu'ils crurent

---

( *e* ) ALOST, Ville des Pays-Bas dans le Comté de Flandre ; M. de *Turenne* la prit en 1667. & la fit démanteler : les François l'abandonnerent aux Alliés auffi-tôt après la bataille de Ramillies, en 1706. elle eft entre Gand & Bruxelles.

obliger M. *Graffin* à se rendre dès qu'il en seroit sommé, n'imaginant pas que ce Commandant avec sa troupe, eut l'audace de résister à six mille hommes. Cet excès de confiance fit perdre aux Anglois le moment d'où dépendoit leur salut ; voila comme on laisse souvent échaper la victoire faute de la brusquer, lorsque les conjonctures le demandent. La ferme résistance des Graffins, fit éprouver aux ennemis que rien ne peut l'emporter sur un courage déterminé, & les trop grandes précautions des Anglois, donnerent le tems à M. *Duchayla* d'arriver près de l'abbaye de Melle ( *f* ) avec les troupes qu'il commandoit.

L E S ennemis, informés de l'arrivée du détachement de M. *Duchayla*, abandonnerent aussitôt Naffem pour se porter à Melle ; ils s'emparerent bien facilement des pontons & des canons qui suivoient ce détachement, parce que nos troupes excedées de fatigues, attendoient en repos que leur camp fut marqué & que leurs armes fuffent debarraffées ; ce rayon de prosperité ne tarda pas à s'éclipser, & la fortune fit bientôt volte face aux ennemis.

L E S Anglois faisoient déjà marcher du côté de Gand, les pontons & les canons qu'ils venoient d'enlever ; lorsque la brigade de Crillon qui se porta droit aux ennemis les arrêta dans leur marche : cette brigade animée par l'exemple de Messieurs de *Graville* & de *Souvré* soutint seule le premier choc, avec une valeur incroyable, & donna le tems à celle de Normandie de prendre les armes & de venir à son secours ; le regiment de Laval suivit de près la brigade de Normandie, il reprit les vingt pontons & les vingt piéces de canon, qui furent pointées dans le même instant contre les ennemis ; M. *Duchayla* à la tête de ses quatorze escadrons, appuyoit notre infanterie, & empêchoit les Anglois de la prendre en flanc.

D É s le premier coup de canon, les Graffins jugerent avec raison que les François étoient aux mains avec leurs ennemis. Comme il étoit juste qu'ils eussent part à la gloire que le détachement de M. *Duchayla* ne pouvoit pas manquer d'acquérir ; ils tom-

(*f*) L'Abbaye de Melle est à une lieue ¼ de Gand.

berent

berent fur les Anglois qu'ils mirent entre deux feux : toutes nos troupes donnerent avec tant d'acharnement , que fans la privation du jour qui éclaira cette victoire , il ne feroit pas réchappé un feul homme des ennemis.

Ce combat fut très-opiniatre , les Anglois rompus de toutes parts prirent la fuite du côté de l'Efcaut , où beaucoup fe noyerent ; on leur tua fix cens hommes , on leur fit onze à douze cens prifonniers , avec un grand nombre d'Officiers , parmi lefquels il y eut un Milord ; les François eurent trois cens hommes tués ou bleffés. ( *g* )

( *g* ) CETTE action fe paffa le *9* Juillet 1745. M. le Comte de *Graville* fut bleffé legerement, les Graffins enleverent quan-tité de chevaux & d'équipages des ennemis.

## CHAPITRE TROISIÉME.

### *Efcalade & Prife de G A N D.*

LE pont d'Efpieres, (*a*) fi renommé dans l'hiftoire par la marche extraordinaire de l'armée commandée par le Maréchal de Luxembourg, fous les ordres de Monfeigneur, deviendra célébre à jamais, par le pofte que le Comte de *Lowendal* y prit pour marcher à la fameufe efcalade de Gand. (*b*)

CE fut là que ce Général reçut les derniers ordres de S A M A-JESTÉ; M. *Duchayla* fut auffi chargé par le R O I de la même expédition; ces deux Généraux, autant connus par leur expérience que par leur bravoure, fe porterent fur Gand, l'un par la droite, & l'autre par la gauche de l'Efcaut : lorfque le Comte de *Lowendal* fut arrivé à portée de Gand, il fit infulter le front de cette place, entre la porte Saint Pierre & l'Efcaut; (*c*) quoique le foffé fut large, profond & rempli d'eau, les troupes commandées pour une fi grande entreprife, où il paroiffoit de la témérité, fe jetterent néanmoins dans ce foffé avec autant de hardieffe que de vivacité, & la Place fut emportée l'épée à la main. Ce fuccès important ne couta aux François, qu'un Lieutenant tué d'un coup de fufil, & deux Dragons noyés.

LE feu des François fervit de fignal à M. *Duchayla*, pour s'approcher de la ville; ce Général fit tirer quelques coups de canon du

---

(*a*) EN 1694. le 22 Août, Monfeigneur, & M. le Maréchal de Luxembourg quitterent Vignamont, & fe porterent au Pont d'Efpieres; l'Armée fit 40 lieues en quatre jours, & par cette promptitude, Monfeigneur, moins fort de moitié que le Prince d'Orange, garantit toutes nos frontieres & les places maritimes qui étoient menacées par la flotte ennemie.

(*b*) GAND, grande & belle Ville, capitale de la Flandre Autrichienne, & du quartier de Gand, avec un fort château bâti par l'Empereur Charles V, pour tenir en bride les habitans, & un Evêché fuffragant de Malines, érigé par Paul IV en 1559. Les édifices publics y font en grand nombre & magnifiques; elle eft au confluent de l'Efcaut, la Lis, la Lieve, & la Moere, qui avec les différens canaux la coupent en 26 Ifles, à 9 lieues d'Anvers, 11 de Malines, 10 & demie de Bruxelles, 8 de Middelbourg & 66 de Paris.

(*c*) LE 11 Juillet 1745, à trois heures du matin.

SIEGE DE GAND
et du Chateau
rendus les 11. et 15. Juillet
1745.

côté de la porte impériale, qui lui fut bien-tôt ouverte par le détachement de M. de *Lowendal* : ( *d* ) la garnison, composée de huit
cens hommes, se retira avec précipitation dans le Château, sous
les ordres du Baron de *Kisegheim*, où quatre jours après elle fut
faite prisonniere de guerre ; les Généraux François donnerent
ensuite des ordres si sages & si précis, pour empêcher le désordre
que les troupes victorieuses auroient pû faire, que les habitans
de Gand qui s'étoient couchés Autrichiens, furent moins surpris
en se réveillant, de se voir sous la domination Françoise, que du
bon ordre qui avoit été établi dans leur ville ; le calme qui y regnoit
leur réprésentoit une véritable paix, quoiqu'ils fussent au milieu de
la guerre.

Ce nouveau triomphe, priva les ennemis de toute communication avec la Flandre maritime, il assura à l'armée du Roi des sub-
sistances abondantes pendant le reste de la campagne, & lui ouvrit les chemins des plus riches cantons des Pays-Bas Autrichiens ;

---

( *d* ) M. de *Lowendal* avoit sous lui M. le Duc de *Chevreuse*, & M. le Comte d'*Herouville de Claye*, Maréchaux de Camps.

*Remarques sur la Ville de Gand.*

Ce fut dans cette ville que se fit en 1576. le fameux traité, que l'on nomma *la pacification de Gand*, & qui tendoit à calmer les troubles des Pays bas ; cependant les Gantois ne purent rester tranquil-les, & se donnerent au Prince d'*Orange* : la cabale & l'esprit de revolte, qui se font trouvés de tous tems chez les Gantois plus forts que la raison, leur fermant les yeux sur leurs propres interêts, leur ont souvent fait choisir un maître dont ils ne tardoient pas à se repentir. En 1584, Gand se sou-mit de nouveau à l'Espagne. M. le Maréchal d'Humieres, chargé de faire le siége de cette place en fit l'investissement le premier Mars 1678. Louis XIV se rendit à ce Siége le quatre, la tranchée fut ouverte le cinq au soir ; le 6 nos troupes firent un logement sur la contrescarpe, le 7 & le 8 on emporta quelques déhors, & le 9 sur les huit heures du matin, Dom Francisco Pardo, Gouverneur pour les Espagnols, fit battre la chamade, ayant encore devant lui le fossé plein d'eau & la muraille qui n'étoit pas entamée ; mais le secours qu'il attendoit des inondations n'avoit pas réussi comme il l'esperoit. Ce même Gou-verneur se retira dans le Château avec sa Garnison ; Louis XIV fit commencer les travaux, pour le siége de ce Château, le même jour 9 au soir ; on travailla tant déhors que dans la Ville, & le Gouver-neur se rendit le 12. La Garnison fut con-duite à Anvers : Elle étoit composée de trois cens soldats, & de six cens cavaliers... Par le traité de Nimégue, Louis XIV la rendit à l'Espagne, qui la garda jusqu'en 1706, que les alliés s'en emparerent après la bataille de Ramillies : les deux Couronnes, de France & d'Espagne, la reprirent le 5 Juillet 1708, sous les ordres de M. le Duc de Bourgogne ; M. de la Mothe en eût le commandement ; mais on fût obligé de la rendre le 30 Décembre de la même année.

les Alliés, qui étoient campés entre Ninove & Aloft, juftement allarmés de la prife de Gand , firent conduire leurs équipages à Bruxelles avec autant de célérité que d'inquiétude.

LE S François trouverent dans la ville de Gand pour plus de cinq cens florins d'effets, appartenans aux Anglois qui s'y étoient refugiés après la bataille de Fontenoi ; ils y trouverent auffi des magafins de farine, un armement confidérable de fufils, d'épées, de fabres, & l'habillement neuf & complet de plufieurs régimens ; plus de cinq cens mille rations de fourage , & quatorze mille facs d'avoine, beaucoup de canons, avec ceux que les Anglois avoient fait venir de chez eux, pour remplacer ceux qu'ils avoient perdus à la bataille de Fontenoi , dont vingt-fept piéces étoient en batteries fur le rempart, & le refte dans des bélandres, fur le canal, pour être conduites à Bruxelles : on y fit auffi plus de fix cens prifonniers , tant Anglois qu'Hannovriens qui s'y étoient retirés après la bataille , pour fe faire panfer des bleffures qu'ils y avoient reçues.

CHAPITRE

nt
à

pq
fu-
ça-
fa-
s;
ics
nt
us
it-
il,
ri-
ès
e-

2

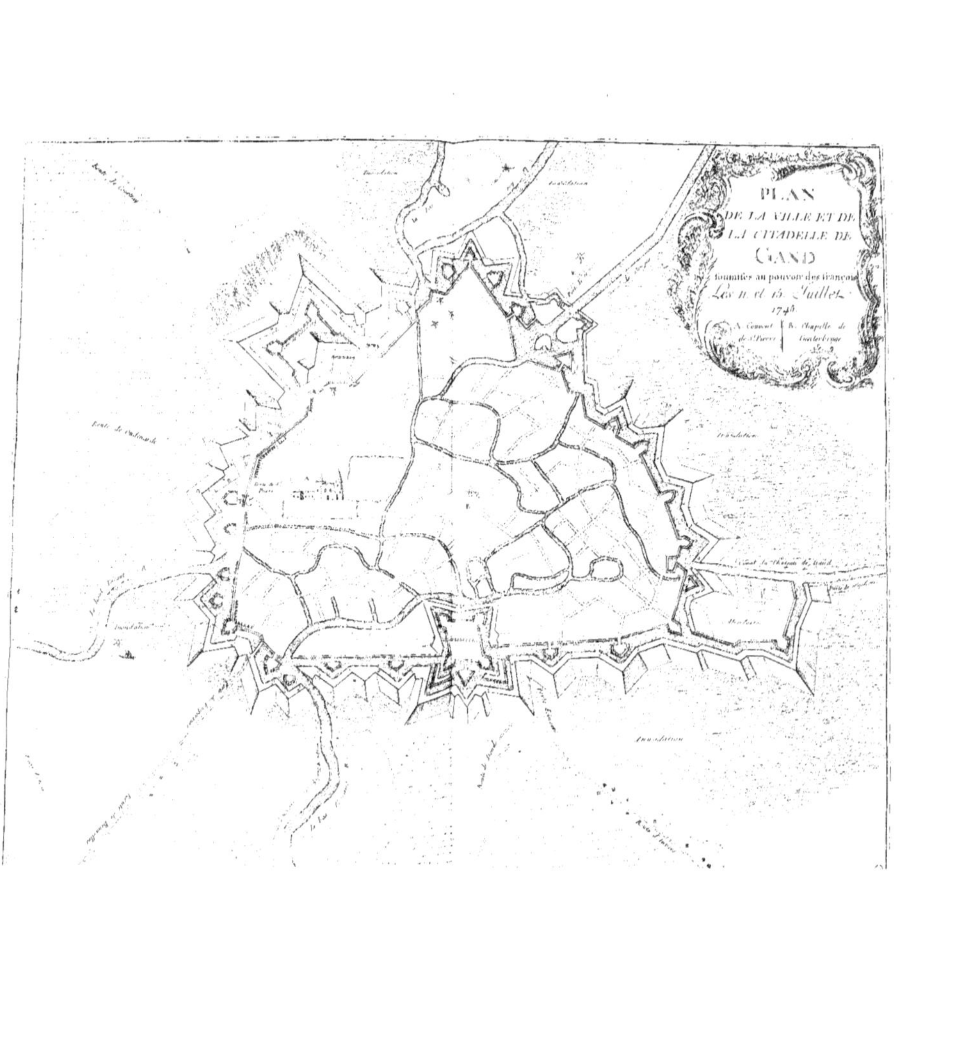

PLAN
DE LA VILLE ET DE
LA CITTADELLE DE
GAND
soumises au pouvoir des françois
Les 11 et 15 Juillet
1745.
A. Couvent
de St Pierre
B. Chapelle de
Conterberque

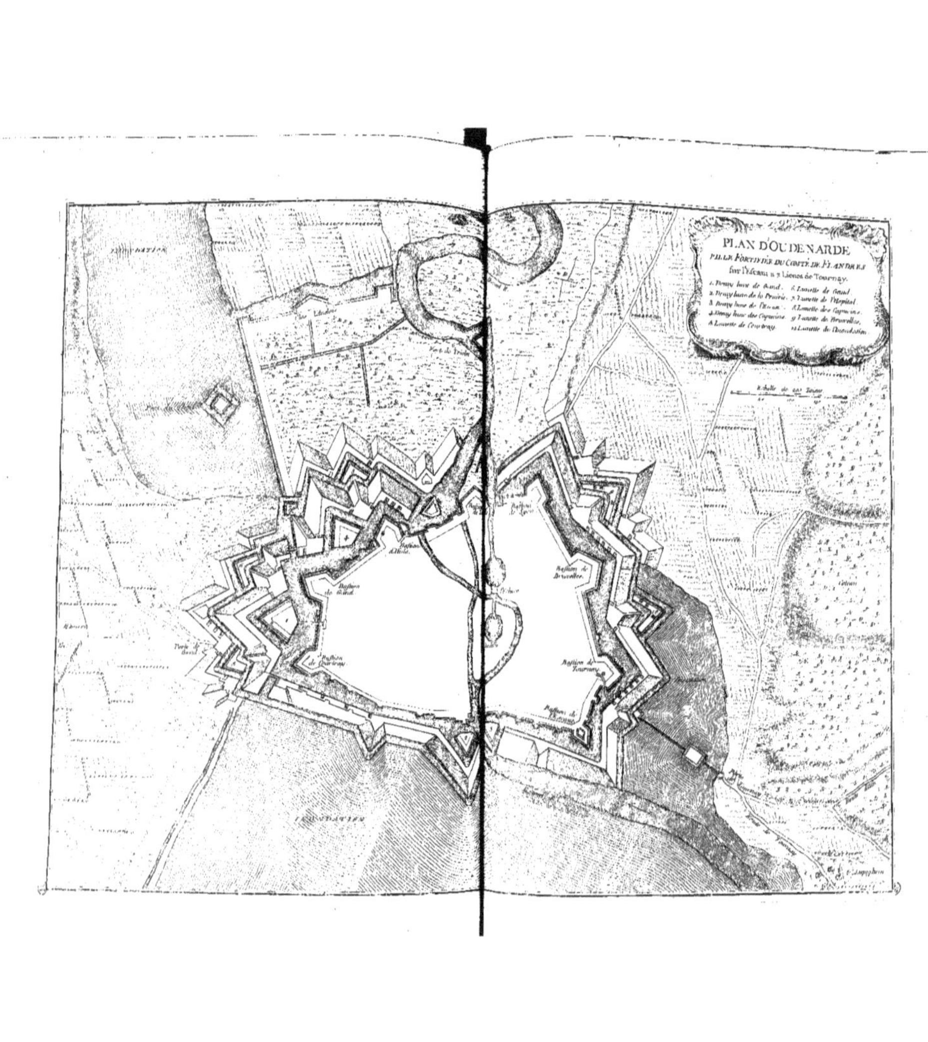

PLAN D'OUDENARDE
VILLE FORTIFIÉE DU COMTÉ DE FLANDRES
sur l'Escaut à 3 Lieues de Tournay.
1. Demy lune de Gand.
2. Demy lune de la Prairie.
3. Demy lune de l'Escaut.
4. Demy lune des Capucins.
5. Lunette de Courtray.
6. Lunette de Gand.
7. Lunette de l'Hôpital.
8. Lunette des Capucins.
9. Lunette de Bruxelles.
10. Lunette de l'Inondation.
Échelle de 200 Toises.
Porte de Gand
Porte de Tournay
Bastion de l'Hôtel
Bastion de Gand
Bastion de Bruxelles
Bastion de Tournay
Bastion de Courtray

# CHAPITRE QUATRIÉME.

### Siége d'OUDENARDE.

LES Alliés n'eurent pas plutôt abandonnés les bords de la Dendre, que la brigade de Monnin, compofée de fix bataillons, marcha fur la rive gauche de l'Efcaut, & qu'elle s'empara des avenues d'Oudenarde dont le fiége avoit été réfolu.

LES brigades de Picardie, de Bouzols & de Bettens, partirent auffi le lendemain, & allerent joindre celle de Monnin, qui avoit déja paffé l'Efcaut, pour inveftir Oudenarde; (a) enfuite, l'infanterie de l'armée du Roi eut ordre de faire les gabions, les clayes, & les fafcines néceffaires pour le fiége : les gros équipages qui étoient reftés fous Tournai re, ignirent, & la place fut prefqu'auffitôt inveftie.

PENDANT que les troupes Françoifes faifoient les préparatifs convenables, pour l'ouverture de la tranchée devant Oudenarde; le Commandant à l'éclufe pour les Etats Généraux, envoya un détachement de Grenadiers, commandé par un Officier, avec un Ingénieur, pour couper les digues qui préfervoient de l'inondation, une partie des terres que la prife de Gand avoit mifes fous la domination de la France; les payfans s'étant apperçus que l'eau les gagnoit, & effrayés, avec raifon, du malheur dont cette inondation les menaçoit, ils s'attrouperent & fe rendirent à l'endroit où ces Grenadiers coupoient les digues; ils tuerent d'abord l'Ingénieur, fur lequel ils trouverent l'ordre du Commandant de l'éclufe, arrêterent l'Officier, avec vingt-cinq des Grenadiers qu'il avoit fous fes ordres, & les conduifirent tous à Gand : M. *Duchayla*, qui commandoit pour lors dans cette place, fit marcher fur le champ, un détachement de cent Dragons, avec autant de Graffins, pour veiller à la confervation de ces digues.

(a) OUDENARDE, riche & forte ville des Pays-bas dans la Flandre Autrichienne. Elle eft fur l'Efcaut à 5 lieues de Gand, 6 de Tournai, 12 de Mons & 11 de Bruxelles.

X

L E Marquis de *Souvré*, ayant fous lui quatre compagnies de Grenadiers, quatre Piquets, quatre cens Dragons & cent cinquante Graffins, s'avança vers la ville de Bruges, ( *b* ) où il arriva dès la pointe du jour ; les Magiftrats de la ville , qui étoit fans garnifon , allerent au devant de lui, implorerent la protection du Roi, & offrirent d'ouvrir leurs portes : M. de *Souvré*, fe rendit à leur priere ; ce fage & généreux Commandant prit toutes les précautions néceffaires pour empêcher le défordre, & entra dans Bruges à la tête des troupes qu'il commandoit, (*c*) le Gouverneur de cette place fe fauva à Bruxelles, celui de Damme n'eut pas la même attention, il fe trouva dans la ville, & fut fait prifonnier de guerre.

A P R É S que le Comte de *Lowendal*, chargé par le R o i de la conduite du fiége d'Oudenarde, eut fait ouvrir la tranchée, ( *d* ) les affiegés s'apperçurent que le travail n'étoit pas éloigné des ouvrages de la place , & firent un feu confidérable fur les travailleurs : cette vive réfiftance n'empêcha pas le progrès des travaux , ni de former une parallele depuis l'inondation près la porte de Tournai , jufques vers l'inondation près la lunette fur la capitale du baftion de Sion.

L E S 14 pieces de canon, qui avoient été mifes en batteries, pendant l'ouverture de la tranchée, fur la montagne de Kerfelaerberg , tirerent le lendemain matin ; elles furent fi bien fervies,

---

( *b* ) B R U G E S , belle, forte & grande ville des Pays - Bas dans la Flandre Autrichienne , avec un Evêché fuffragant de Malines : dans le grand marché il y a une maifon établie en 1411 , appellée *l'Ecole de Bogards* , où l'on entretient environ 130 jeunes orphelins , les uns dans les Etudes , & les autres en différens métiers felon leurs talens.

C E fut dans la ville de Bruges que Philippe le Bon Duc de Bourgogne inftitua *l'Ordre de la Toifon d'Or* au mois de Janvier 1430, & depuis cette inftitution, on y a tenu trois Chapitres de cet Ordre, dans les années 1432 , 1468 & 1478 ... La ville de Bruges fut bombardée le 4 Juillet 1704 par les Hollandois, mais avec fort peu de fuccès... Cette ville fe foumit aux Alliés en 1706, après la bataille de Ramillies & la prife de Gand ... M. le Comte de la *Mothe*, Lieutenant Général,à la tête d'un corps de troupes Françoifes, en fit l'inveftiffement en 1708, la ville n'ayant qu'une petite garnifon & aucun fecours à efpérer du dehors , le Magiftrat fut obligé de fe rendre le 5 Juillet. Les Alliés y rentrerent en 1709 fuivant la capitulation de Gand , fignée le 30 Décembre 1708.

( *c* ) M o n s i e u r de *Souvré* entra dans Bruges le 18 Juillet 1745.

( *d* ) L a tranchée fut ouverte pendant la nuit du 18 au 19 Juillet.

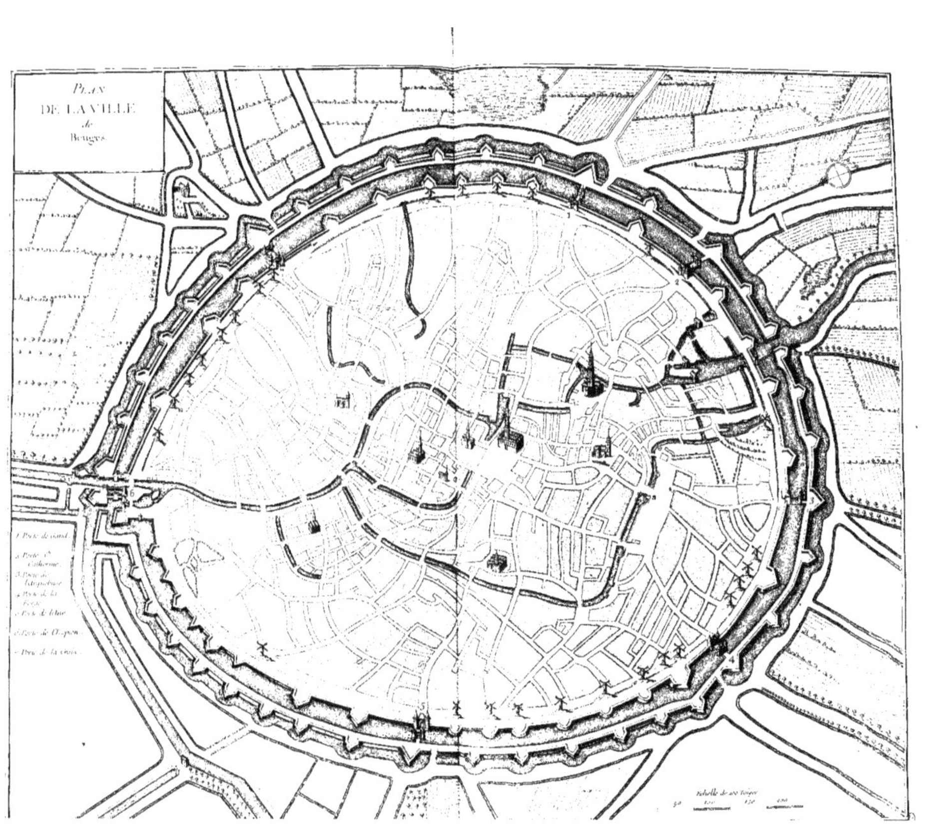

PLAN
DE LA VILLE
de
Bruges.
1 Porte de Gand.
2 Porte Ste Catherine.
3 Porte de l'Arquebuse
4 Porte de la Forge
5 Porte de l'Ecluse
6 Porte de Chapon
7 Porte de la croix.
Echelle de 400 Toises

que dès la premiere falve , elles démonterent deux batteries des
affiegés : à peine la nuit fut-elle furvenue, que trente fix piéces de
canon & huit mortiers , furent en état de tirer ; tandis que ces
nouvelles forces faifoient un feu violent contre la place, on perfectionna les ouvrages qui avoient été entrepris la nuit précédente, &
l'on commença à fe porter en avant de la parallele par deux fappes , l'une fur la capitale du baftion de Bruxelles, l'autre fur celle
de la lunette, revêtue dans le milieu de la courtine, entre le baftion de Bruxelles & celui de Sion ; enfin , ces deux fappes furent
portées fur les angles faillans des chemins couverts. Le feu que les
François effuyerent pendant ces grandes opérations , & qui partit
des remparts fut lent & moderé , mais celui qui fortit de quelques
lunettes avancées fut vif & continuel. ( *e* )

Aussitot que la communication des deux fappes fut entierement perfectionnée, on ouvrit un débouché fur le retour du
haut de la fappe , portée dans la capitale du baftion de Bruxelles ;
& après que l'on eut fait un crochet, on fe porta en pleine fappe
fur le bord de l'avant foffé, où dès ce moment, on ne ceffa point
de jetter des fafcines pour parvenir à le combler & y faire un
pont : l'artillerie des affiégeans augmenta de quatre mortiers, le
feu des affiegés fe rallentit, & celui des François devint plus terrible.

Un détachement de cinquante Maîtres par efcadron de toute
la cavalerie, fut commandé pour porter les fafcines au dépôt de la
tranchée devant Oudenarde ; le Gouverneur de cette place bien
informé du dangereux effet que cette nouvelle difpofition commençoit à produire, ainfi que du péril auquel il s'expofoit s'il ré-
fiftoit plus long-tems, fe trouva forcé à faire planter le drapeau
blanc : ( *f* ) les ôtages furent envoyés de part & d'autre le même

---

(*e*) Monsieur de *Charmois* Commiffaire d'artillerie fut tué d'un coup de
canon, pendant la nuit du 19 au 20 Juillet, & le 21, M. de *Vernaffal*, Brigadier
des armées du Roi , & Enfeigne des Gardes du Corps, fut auffi tué dans la tranchée devant Oudenarde.

(*f*) Le Gouverneur d'Oudenarde fe
rendit le 21 Juillet 1745 , après trois jours
de tranchée ouverte , & la capitulation fignée le 22 , portoit ; 1°. que la garnifon fortiroit le 25 avec armes & bagages jufqu'à la
barriere, où elle mettroit bas les armes ,
pour être conduite enfuite prifonniere de

jour , & la capitulation fut signée le lendemain.

guerre , dans telle place qu'il plairoit au Roi ; 2°. Que les magasins, arsenaux & tout ce qui s'y trouveroit appartenir aux Alliés , seroit remis entre les mains des Commissaires du Roi : 3°. que Sa Majesté vouloit bien accorder sa protection , tant aux habitans de la ville , que de la châtellenie. On trouva dans Oudenarde plus de cent mille rations de fourages , & trente deux piéces de canon , tant de fonte , que de fer.

Le 25 Juillet, le Roi, accompagné de M. le Dauphin , se rendit sur les glacis d'Oudenarde , endeça de la porte de Tournai , & vit défiler devant lui la garnison , qui mit ensuite les armes bas, & fut conduite à Tournai.

Les Officiers Généraux qui commanderent la tranchée pendant le siége d'Oudenarde furent, Mrs. de *Zurlauben* , le Marquis de *Chiffreville* , le Marquis de *Mariganne* & le Marquis de *Jumilhac* , Maréchaux de camp ; ils avoient sous eux , Mrs. le Marquis de *Bouzols* , le Vidame de *Vassé* , de la *Mothe Hugues* , & de *Chambon* Brigadiers.

### Remarques sur Oudenarde.

Cette ville est située dans une vallée où passe l'Escaut ; & à cent pas de ses fossés au midi , est la montagne de Kerselaerberg , d'où l'on découvre toute la place. En 1379 & 1384 , Oudenarde fut pillée par les Gan-

lois , qui s'étoient révoltés contre leur Prince. M. de Turenne la prit le 9 Septembre 1658... Elle se rendit à M. le Maréchal d'Aumont le 31 Juillet 1667... Par le traité d'Aix la Chapelle en 1668 , elle demeura à la France qui la fit fortifier à la moderne... Le 20 Mai 1670, le Roi Louis XIV , & la Reine son épouse, y firent leur entrée & logerent dans le Château... M. de Vauban & le Marquis de Rannes la deffendirent en 1674 , contre les Espagnols qui en firent l'investissement le 14 de Septembre , du côté de Gand , & les Impériaux de l'autre ; les Alliés , après avoir fait des lignes de circonvallation , ouvrirent la tranchée le 20 , ayant trente piéces de canon en batteries ; ils voulurent attaquer la contrescarpe dont ils étoient trop éloignés ; ils furent repoussés , battus & obligés de lever le siége , laissant toutes sortes de munitions dans leur camp & dans la tranchée... Par le traité de Nimégue , la France la rendit à l'Espagne... Elle fut à moitié détruite par un bombardement fait sous les ordres de M. le Maréchal d'Humieres les 24 & 25 Mars 1684 , & les Espagnols la rétablirent... Elle reçut garnison Françoise en 1701 ... Après la bataille de Ramillies en 1706 , le Duc de Malboroug s'en empara... La bataille d'Oudenarde se donna le 11 Juillet 1708 , le commerce principal de cette ville consiste en tapisseries de haute-lice.

CHAPITRE

Siege de DENDERMONDE
rendu le 22 Aoust 1745.

# CHAPITRE CINQUIÉME.

### Siége de DENDERMONDE.

LE ROI, toujours occupé du foin de profiter des avantages qu'il venoit de remporter fur fes ennemis, pour leur infpirer des fentimens de paix, en rendant de plus en plus leur fituation plus difficile, réfolut de faire le fiége de Dendermonde. ( *a* )

L'ARMÉE du Roi ayant paffé la Dendre, on forma l'inveftiffement de cette place ; les ennemis qui en connoiffoient l'importance, tenterent envain d'y jetter du fecours ; le détachement qu'ils envoyerent, & qui remontoit l'Efcaut fur des bélandres, pour aller couper des digues, fut attaqué avec tant de vigueur par deux compagnies de Grenadiers, que prefque tous ceux qui compofoient ce détachement furent tués ou faits prifonniers : dans le même inftant, le Comte de *Lowendal* fit fommer le Commandant du fort de Plaffendal de fe rendre, celui-ci, voyant les difpofitions de l'attaque, fe rendit à difcrétion ; ( *b* ) il en fut de même du fort d'Albert, le Commandant l'abandonna à l'approche des François ( *c* ) qui étoient aux ordres du Marquis de *Contades.*

LE Duc d'Harcourt, chargé par SA MAJESTÉ de la conduite du fiége de Dendermonde, fit marcher quatre compagnies de Grenadiers, pour s'emparer de la redoute la plus avancée, le long de la chauffée de Malines ; cette redoute fut attaquée avant le jour, & fans attendre l'effet d'une batterie, à laquelle on n'avoit point ceffé de travailler pendant toute la nuit, elle fut emportée par quarante Grenadiers, ( *d* ) commandés par deux Lieute-

---

( *a* ) DENDERMONDE, belle & forte ville des Pays-bas Autrichiens, dans la Flandre, avec une citadelle. Le Duc de Malboroug la prit en 1706 : elle eft entourée de marais & de belles prairies, que les habitans peuvent inonder par le moyen de leurs éclufes ; elle eft fituée au confluent de la Dendre & de l'Efcaut, à 6 lieuës d'Anvers, 2 d'Aloft, 5 de Gand, & 6 de Malines & de Bruxelles.

( *b* ) LE 8 Août 1745.
( *c* ) LE 9 Août.
( *d* ) LA nuit du 8 au 9 Août.

Y

nans, & l'on y trouva un fergent & douze foldats; les François travaillerent enfuite à couper la digue pour faire écouler les eaux dans le bas Efcaut.

L A premiere faignée que les afliégeans firent devant la place , fut élargie la nuit fuivante ; ils pénétrerent enfuite jufqu'à une éclufe de l'autre côté de l'Efcaut, ils en leverent les vannes, & il en fortit une grande quantité d'eau , qui fe perdit dans les écoulemens d'en bas.

Q U O I Q U E le feu de la place fut confidérable, les François eurent cependant tout lieu d'efpérer dès ce moment que les afliégés ne réfifteroient pas longtems; l'eau ne s'oppofant plus aux projets des afliégeans, ils conftruifirent des radeaux pour placer des batteries dans l'inondation, & malgré le feu violent des ennemis, la faignée qui avoit été faite à la digue de Dendermonde, augmenta prodigieufement en très-peu de tems, les eaux s'écoulerent avec autant d'abondance qu'on pût le défirer, quatre hommes feulement furent mis hors des travaux.

L E feu de la place ayant beaucoup diminué, les François ouvrirent la tranchée devant Dendermonde; (*a*) M. de *Zurlauben* fut le feul qui la monta , il avoit fous fes ordres M. de la *Mothe-Hugues* , Brigadier, deux bataillons du régiment de Picardie , quatre compagnies de Grenadiers du régiment de Piémont , & deux mille fept cent travailleurs : deux batteries , l'une de fix piéces de canon, l'autre de quatre mortiers furent prefqu'aufli-tôt établies ; ces batteries ralentirent à la vérité le feu des afliégés; mais pendant cette grande operation, il y eut onze à douze hommes de bleffés , & le Chevalier de *Gouvernet* Capitaine au régiment Royal des Vaifleaux, y perdit une jambe.

L E fiége de Dendermonde en étoit là , quand le Prince de *Waldeck*, informé que l'armée du Roi avoit détaché un corps de troupes, fous les ordres de M. de *Bauffobre*, réfolut d'attaquer ce détachement : le Général des ennemis ordonna que les piquets, foutenus par huit cens hommes, marcheroient le lendemain pour pafler le canal fur les ponts de Lacken; M. de *Bauffobre*, n'ayant rien

(*a*) L A tranchée fut ouverte pendant la | nuit du 11 au 12 Août.

rencontré ni le foir, ni pendant la nuit, s'avança fur les huit heures du matin, jufqu'au village d'Afche : à peine fon avant-garde
y fut-elle arrivée, qu'elle découvrit les ennemis, dont l'infanterie
fe pofta fur la chauffée ; dès que cette infanterie eut auffi apperçu les François, elle fit, pour fe mettre à couvert, une élevation
de terre & de branches d'arbres : l'action s'engagea entre les deux
avant-gardes de ces détachemens ; les François chargerent les ennemis avec tant d'ardeur & de courage, qu'ils gagnerent bien-tôt
la chauffée , nos Grenadiers y parvinrent , & le Prince de *Waldeck* fe retira avec précipitation à Bruxelles , après avoir perdu un
Lieutenant Colonel, plufieurs autres Officiers, quarante foldats
tués & beaucoup plus de bleffés : il en couta aux François , un
Capitaine & huit Soldats tués , neuf Officiers & vingt Soldats bleffés. ( *a* )

CE triomphe fut fuivi d'un autre ; les mefures prifes pour réduire la ville de Dendermonde, fous l'obéiffance de SA MAJES-
TÉ, avoient été fi fagement concertées, que, dès le lendemain de
l'ouverture de la tranchée, le Gouverneur fut forcé d'arborer le
drapeau blanc, & les troupes employées à la deffenfe de cette place, furent obligées de fe foumettre à toutes les conditions qu'il
plût au vainqueur de leur impofer. ( *b* )

---

( *a* ) CE combat fe donna le 12 Août.

( *b* ) DENDERMONDE fe rendit le 12
Août, après vingt-quatre heures de tranchée ouverte ; le Gouverneur fit fupplier le
ROI de lui accorder la même capitulation
qu'à la garnifon de Tournai , SA MAJESTÉ
voulut bien y confentir : en conféquence il
fut arrêté que le Gouverneur de la place ,
l'Etat Major & la garnifon ne pourroient
faire aucune fonction militaire, ni aucune
forte de fervice, de quelque nature que ce
pût être, jufqu'au premier Janvier de l'année 1747. Et que la garnifon fortiroit avec
les honneurs de la guerre.

# CHAPITRE SIXIÉME.

## Siége d'O s t e n d e.

A PEINE la garnifon d'Oftende ( *a* ) eut-elle découvert les François, dans les dunes du côté de Nieuport, qu'elle fit un feu terrible pour empêcher leur approche ; la vivacité du feu de la place n'intimida point les troupes deftinées à la conquérir, & qui marchoient fous les ordres du Comte de *Lowendal*, que SA MAJESTÉ avoit chargé de la conduite de ce fiége.

LES affiégeans commencerent un boyau de communication pour arriver à la tête des dunes, ( *b* ) que les affiégés furent contraints d'abandonner ; on y établit auffi-tôt des batteries de canon & de mortiers, qui ne cefferent point de tirer fur la ville & fur le port ; on fit des faignées pour faire écouler les eaux dans le canal ; enfin, on parvint, en moins de trois jours, à former une parallele de près de deux cens toifes de longueur, à cent foixante toifes du premier chemin couvert de la ville, à établir toutes les batteries qui tirerent contre le corps de la place, & à fe garantir des bordées de canon que les vaiffeaux Anglois, qui cottoyoient les dunes, envoyoient aux affiégeans.

CES vaiffeaux entrerent dans le port d'Oftende, où ils ne furent pas long-tems en fûreté ; une bombe que les François y jetterent pendant la nuit (*c*) coula un de ces vaiffeaux à fond, les

---

( *a* ) OSTENDE, très-forte & confidérable ville maritime des Pays-bas, dans la Flandre Autrichienne, au quartier de Bruges, avec un bon port & un hôtel de ville magnifique ; elle eft entourée de plufieurs forts. Le Duc de Parme fut obligé d'en lever le fiége en 1583 ; les Efpagnols l'affiégerent envain en 1601. Ambroife Spinola la prit en 1604, après un fiége de plus de trois ans, les affiégés perdirent plus de 50000 hommes & les affiégeans plus de 80000. Les Etats Généraux la prirent fur les Efpagnols en 1615,

& la céderent à l'Empereur en 1715 ; elle eft fur la mer, à 4 lieuës de Bruges, 3 de Nieuport, 6 de Dunkerque, 3 de Bruxelles, & 70 de Paris.

( *b* ) CETTE opération fe fit pendant la nuit du 12 au 13 Août.

( *c* ) CE fut pendant la nuit du 18 au 19 Août ; Meffieurs de *Caftelnau* Lieutenant, & de la *Marck* fous-Lieutenant au régiment de Crillon, & M. de la *Baftide* Lieutenant d'artillerie furent bleffés.

autres

SIEGE D'OSTENDE
rendu le 23 Aoust
1745

autres furent obligés de fe retirer, & la même nuit, les afliégeans fe rendirent maîtres de l'avant chemin couvert.

LE Monarque qui vouloit être informé par lui-même des places qu'il faifoit afliéger, & fi leur importance l'obligeoit nécef- fairement à des opérations qui coûteroient bien du monde, monta à cheval pour aller examiner les travaux du fiége d'Oftende, & la difpofition de la premiere ligne du camp de fes troupes ; cet augufte Héros n'ignoroit point ce qui étoit arrivé à des Princes généreux, pour avoir fuivi trop légerement les confeils de leurs Officiers Généraux, & pour avoir négligé la connoiffance de la pofition de leur armée.

L'HISTOIRE en fournit un exemple bien digne de l'attention des Monarques ; l'Amiral Bonnivet, charmé par les attraits de Clarice de Milan, alors la plus belle femme d'Italie, eut affez d'empire fur l'efprit de François Premier pour lui faire entrepren- dre le fiége de Pavie, ce grand ROI, fut fait prifonnier à la ba- taille qui fe donna près de cette ville, en l'année 1525, Bonnivet fut payé de fa témérité, cette expédition hafardée lui coûta la vie.

SA MAJESTÉ, après avoir vû les difpofitions du fiége & du camp, & fur l'avis qu'elle eut, qu'un nouveau corps de troupes des ennemis avoit joint celui qui avoit paffé la Rupel, elle fit par- tir un détachement confidérable, qui marcha pour attaquer les poftes que les ennemis occupoient fur la rive gauche du canal ; ce mouvement eut tout le fuccès qu'on pouvoit en attendre : l'attaque du chemin couvert fut entreprife ; ( a ) là, les afliégés firent affez connoître par leur réfiftance, le mépris qu'ils faifoient de la vie ; le Gouverneur de la place, à leur tête, les anima par fon exemple, & leur infpira par fa bravoure l'ardeur inféparable d'un vrai héros. Les François de leur côté, attaquerent en Romains & avec tant de courage, qu'ils fe rendirent maîtres du chemin couvert ; ils y établirent un logement & obligerent les afliégés à fe retirer dans la place avec la plus grande précipitation : plufieurs braves Offi-

---

(a) PENDANT la nuit du 22 au 23 Août: la tranchée étoit commandée par M. le Comte d'*Hérouville*, Maréchal de camp, qui avoit fous lui M. de *Chambonnas* Bri- gadier.

ciers François moururent dans le lit d'honneur que le R o i leur avoit fait préparer la veille. ( *b* )

C E glorieux évenement, jetta une si grande épouvante parmi les affiégés, que deux heures après ils arborerent le drapeau blanc. ( *c* )

( *b* ) L ɛs Officiers tués furent, Meffieurs de *Galatin* Capitaine, de *Martine* Lieute-nant de Grenadiers au régiment de la Cour au Chantre, & M. de *Ricard* Lieutenant en fecond au régiment de Crillon. Les Offi-ciers bleffés furent, Meffieurs de *Brindelé*, Capitaine Lieutenant de Grenadiers au ré-giment de la Cour au Chantre ; de *Gugger*, de *Riffelhouber* & de *Richeiftem*, Lieutenans au même régiment : M. de *Bord*, Lieutenant en fecond de Grenadiers au régiment d'Eu, M. *Himel* Capitaine de Grenadiers au ré-giment de Seédorf ; Meffieurs *Deftouches*, de *Charnacé*, de *Sernicourt*, *Odoul*, *Bri-douch*, de *Milau*, de *Lomares* & de *Croifilles*, Capitaines de Grenadiers Royaux ; & Mef-fieurs *Machault*, *Lemaire* & de la *Gaye* Lieu-tenans. M. le Chevalier d'*Allot*, aide-Ma-jor Général ; Meffieurs de *Marfolles*, de *Moulciau* & de *Saveur* Ingénieurs, furent auffi du nombre des bleffés.

( *c* ) L A tranchée fut ouverte devant Of-tende la nuit du 13 au 14 Août, cette place fe rendit le 23. La capitulation fut fignée le 24. Le Gouverneur obtint que la garnifon fortiroit avec les honneurs de la guerre, &

qu'elle feroit conduite à Saint Guilain avec une efcorte Françoife ; le R o i lui laiffa le choix de fortir par la brêche. On trouva dans Oftende & dans le Fort Saint Philip-pe qui en dépend, 182 piéces de canon, dont 34 de fonte ; 32 mortiers, 36000 bou-lets, 1200 bombes, 8000 grenades, trois cens milliers de poudre, & cinquante-deux milliers de plon.b. Les Officiers Généraux qui monterent la tranchée pendant ce fiége furent, Meffieurs le Marquis de *Contades*, le Marquis d'*Armentieres*, & le Comte d'*Hé-rouville* Maréchaux de camp, & Meffieurs de *Chambonas* & de *Crillon* Brigadiers. M. de *Lirmcourt*, Capitaine de Grenadiers Royaux y fut tué : M. de *Caftelbayard*, Ca-pitaine au régiment d'Eu y reçut un coup de feu au travers du corps, & Meffieurs de *Bulleau*, Lieutenant Colonel au régiment de Lowendal, de *Letang*, Lieutenant Co-lonel à la fuite du même régiment, de *Grammont* & de *Haute-Porte*, Capitaines au régiment de Crillon, le Chevalier *Dumef-nil*, Lieutenant au même régiment, & *Dandoville* Lieutenant des Grenadiers Royaux y furent auffi bleffés.

SIEGE DE NIEUPORT.
Rendu le 5. Septembre
1745.

## CHAPITRE SEPTIÉME.

### Siége de NIEUPORT.

L E R O I, moins attentif à la gloire de fes armes, qu'occupé du foin de parvenir bientôt à affurer fur des fondemens folides le repos de fes peuples & les droits de fes alliés, avoit auffi confié au Comte de *Lowendal* la conduite du fiége de Nieuport ; ( *a* ) ce Général, remplit bien dans l'exécution de cette entreprife, tout ce que SA MAJESTÉ pouvoit attendre de fon zele & de fa capacité.

LE Comte de *Lowendal*, envoya d'abord cinq cens hommes d'infanterie & cinquante Dragons, pour prendre pofte dans les environs de la place ; il pourvut à la fûreté d'Oftende, qu'il venoit de foumettre au pouvoir de fon Roi, il y établit garnifon, & marcha enfuite avec le refte de fes troupes pour l'inveftiffement de la ville de Nieuport.

LA place inveftie, la tranchée fut ouverte le lendemain, ( *b* ) les travaux de communication furent pouffés jufqu'à cent cinquante toifes de la ville, & l'on établit deux batteries de canons & quatre de mortiers.

LES travaux augmenterent fi confidérablement en peu de tems, qu'ils furent prolongés jufqu'à cinquante toifes ; on les redoubla pour l'attaque du Fort de Wilvort, & les batteries de mortiers, qui avoient été établies pendant l'ouverture de la tranchée, commencerent à tirer.

LE ROI, que ces difpofitions ne pouvoient inquiéter, bor-

---

(*a*) NIEUPORT, ville forte des Pays-Bas Autrichiens, dans la Flandre, avec un port & des éclufes, dont on peut inonder en un inftant tous les environs ; elle foutint un vigoureux fiége contre Philippe Duc de Cleves en 1488, le Duc de Parme la prit en 1583. L'Archiduc d'Albert d'Autriche y fut défait le 2 Juillet 1600 par le Prince Maurice de Naffau. Les François qui l'avoient prife l'avoient rendue à l'Empereur par la paix d'Utrecht. Elle eft fur la riviere d'Yperlée qui la traverfe, à un quart de lieuë de la Mer, 2 lieuës de Furnes, 3 d'Oftende, 6 de Dunkerque & 65 de Paris.

(*b*) OUVERTURE de la tranchée, la nuit du 31 Août au premier Septembre.

na fa campagne à la prife d'Oftende, & le Maréchal de *Saxe* continua les opérations de la guerre : SA MAJESTÉ, accompagnée de Monfeigneur le Dauphin, partit du camp de Lipclo, (*c*) vifita fes dernieres conquêtes, & reçut de fes nouveaux fujets les plus grands témoignages d'affeÛion ; Elle fe rendit à Oftende, monta fur les Dunes, examina le Port & fixa long-tems fes regards fur cette importante place, pour mieux connoître le prix de fes victoires, par celui de cette fuperbe conquête, & prit enfuite la route de la capitale.

LES travaux du fiége de Nieuport continuerent avec fuccès; les cinq cens travailleurs, qui furent commandés pour la grande attaque, formerent une feconde parallele avec fes communications; trois batteries de canons & une autre de mortiers furent prefqu'auffi-tôt établies, & bientôt après, la Fortereffe de Wilvort fut foumife au pouvoir des affiégeans. (*d*)

LA tranchée devant Nieuport, fut enfuite montée par onze compagnies de Grenadiers, & un bataillon du régiment de Crillon ; la fappe fut pouffée jufqu'à cent toifes en avant du Fort de l'éclufe, on conftruifit une batterie de canons dans le chemin couvert de Wilvort, & une autre de mortiers, fut établie dans la tranchée de la communication pour battre le Fort de l'éclufe : ces nouvelles difpofitions intimiderent fi fortement les affiégés, que le Gouverneur de la place fit planter le drapeau blanc fur le Fort de l'éclufe ; (*e*) la capitulation qu'il demanda lui fut refufée ; enforte, qu'il fût contraint de fe rendre prifonnier de guerre avec fa garnifon.

DEPUIS long-tems, les Anglois avoient des vuës fur Oftende & fur Nieuport ; ils s'étoient affurés de ces deux places, par des fommes immenfes qu'ils avoient avancées à la Reine de Hongrie pour foutenir les frais de la guerre ; il étoit de leur intérêt de les

<hr>

(*c*) LE premier Septembre, & arriva à Paris le fept.

(*d*) CE fut pendant la nuit du 3 au 4 Septembre.

(*e*) NIEUPORT fe rendit le 5 Septembre. Les Officiers Généraux qui monterent la tranchée pour l'attaque de la ville & pour l'attaque du Fort, furent, MM. le Comte de la *Marck*, le Marquis de *Contades*, le Marquis d'*Armentieres*, M. de *Seédorf*, & M. le Comte de la *Suze*, Maréchaux de Camp, & M. de *Lujeac* Brigadier.

bien

bien défendre , parcequ'elles leur donnoient un pied dans le continent , leur procuroient le commerce des Pays - Bas Autrichiens & le moyen de contenir la Hollande & le Nord : mais , quoique ces places fuffent défenduës par quantité de Forts avancés , par un chemin & un avant chemin couverts , par des fortifications régulieres & des inondations ; quoiqu'elles fuffent pourvuës de nombreufes garnifons , & de munitions de toute efpece , ces confidérations devinrent inutiles : SA MAJESTÉ ayant confulté l'ardeur de fes troupes & le courage du Comte de *Lowendal* , qu'il chargea de l'attaque de ces deux places , elles ne tinrent pas longtems contre les efforts des François , & ces deux prifes importantes , donnerent aux ennemis de nouveaux fujets de crainte & d'étonnement.

L'ÉLOIGNEMENT du ROI , n'arrêta pas le cours de fes victoires ; de tout le pays , que la Reine de Hongrie poffédoit depuis la Dendre jufqu'à la mer , il ne lui reftoit plus que la ville d'Ath : ( *a* ) le Maréchal de *Saxe* fit toutes les difpofitions néceffaires pour le fiége de cette place , dont il donna la conduite au Marquis de *Clermont Gallerande.* Ce Général fit commencer un boyau , ( *b* ) dont la droite étoit appuyée à la Dendre & la gauche à la chauffée qui conduit à Tournai ; la tranchée fut ouverte le lendemain , & les travaux avancerent avec tant de fuccès , qu'avant le milieu de la nuit , les travailleurs furent entiérement à couvert.

LES ennemis voulant fécourir cette place , firent avancer un corps de troupes aux environs de Halle ; ( *c* ) mais le Comte d'*Ef-*

---

( *a* ) ATH , petite , mais très-jolie & très-forte ville des Pays - bas dans le Comté de Hainault , capitale de la châtellenie de même nom , elle eft fituée fur la Dendre , avec de bons baftions , des portes magnifiques , de bons dehors & de beaux remparts , à dix lieuës de Bruxelles. Cette ville fut affiégée & prife par le Maréchal de Catinat le 5 Juin 1697... La France la rendit à l'Efpagne par le traité de Nimégue... Louis XIV accompagné de la Reine fon époufe , alla vifiter les fortifications de cette ville , le 18 Mai 1670. Mais il n'entra pas dans la place , parce qu'elle étoit foupçonné de la pefte... Elle reçut garnifon Françoife en 1701... Le Duc de Malboroug la reprit en 1706 , après la bataille de Ramillies. Le commerce principal de cette ville confifte en toiles.

( *b* ) PENDANT la nuit du premier au deux Octobre 1745.

( *c* ) HALLE , petite ville demantelée des Pays-bas Autrichiens dans le Hainault. l'Eglife de Notre-Dame , à laquelle les Fideles ont une grande dévotion , renferme de grandes richeffes. Elle fut pillée par les François en 1691. Elle eft fur la Senne , à 10 lieuës de Mons & 3 de Bruxelles.

*trées* qui marchoit à Enghien, à la tête de vingt-huit Efcadrons, fe replia fur **M.** de *Clermont Gallerande*, & leur jonction forma un corps de vingt-trois mille hommes, bien en état de réfifter à toutes les entreprifes des ennemis.

L E s travaux du fiége furent pouffés avec rapidité; les travaux de la droite furent joints à ceux de la gauche, & les affiégés, obligés de fe retirer de la place d'armes rentrante du chemin couvert.

T E L L E étoit la pofition des affiégeans, lorfque le Duc de *Cumberland* augmenta de huit mille hommes, le corps de troupes qu'il avoit déja fait avancer du côté de Halle; le Maréchal de *Saxe* prit les précautions néceffaires pour faire échouër les projets du Général des ennemis, il y parvint en effet, en ordonnant aux troupes qu'il avoit fous fes ordres, de fe porter aux endroits d'où l'on pouvoit fécourir la ville d'Ath.

L E s nouvelles forces des ennemis ne retarderent point le triomphe des François, les batteries des affiégeans furent fi bien fervies, que les bombes qu'ils envoyerent aux affiégés mirent le feu dans la ville, & l'incendie fut affez confidérable pour obliger les ennemis de la France à faire fonner le tocfin, & pour forcer le Gouverneur à arborer le drapeau blanc. ( *d* )

V o I L A quelles furent les fuites de la célebre journée de Fontenoi; cette conquête finit une des plus glorieufes campagnes, & les troupes entrerent en quartier.

---

( *d* ) L A ville d'Ath fe rendit le 8 Octobre, après fix jours de tranchée ouverte; le Gouverneur obtint les honneurs de la guerre, deux piéces de canon & un mortier.

L E s Officiers Généraux qui commanderent la tranchée fucceffiviment furent, M M. le Marquis de *Fiennes*, le Comte de *Chepy*, le Comte de la *Suze*, le Marquis de *Bouzols*, le Marquis de S. *Pern* & le Marquis d'*Armentieres* Maréchaux de camp, de S. *Quentin*, du *Pumbecq*, le Duc d'*Olonne*, le Comte de *Vence*, le Comte de *Laval*, de *Richecourt* & de *Bombelles* Brigadiers. M. de *Breteau* Officier de Hullans & volontaire dans le Génie fut bleffé.

*Fin du Troifiéme Livre.*

# OFFICIERS GÉNÉRAUX,

Qui fervirent en F L A N D R E pendant la Campagne de 1745.

## ARMÉE DU ROI.

## LE ROI,

### M. LE MARÉCHAL DE SAXE.

#### *LIEUTENANS GÉNÉRAUX*

M. Le Duc d'Harcourt,
M. Le Comte de Clermont Tonnerre,
M. Le Comte de Clermont,
M. De Lutteaux,
M. Le Prince de Dombes,
M. Le Comte d'Eu,
M. Philippes,
M. Le Marquis de Meuze,
M. Le Marquis de Clermont Gallerande,
M. Du Kaila,
M. Le Duc de Gramont,
M. Le Comte de Baviere,
M. Le Comte de Monteffon,
M. Le Comte de Danois,
M. Le Duc de Biron,
M. Le Comte de Lowendal,
M. Le Marquis de Mont-Boiffier,
M. Le Comte de Beranger,
M. Le Duc de Richelieu,
M. Le Prince de Pons,
M. Le Marquis de Brezé,
M. Le Duc de Luxembourg,
M. Le Comte d'Eftrées,
M. Le Comte de Clare,
M. Le Comte d'Apcher,
M. Le Comte de Langeron,
M. Le Marquis de Croiffy,
M. Le Duc de Bouffers,
M. Le Duc de Chartres,
M. Le Duc de Penthievre,
M. Le Marquis de Chabannes,
M. De la Billarderie.

#### *MARÉCHAUX DE CAMP.*

M. Le Comte de la Marck,
M. De Monin,
M. Le Marquis de Contades,
M. Le Comte de Graville,
M. Le Comte de Beuvron,
M. Le Duc d'Aumont,
M. Le Duc d'Ayen,
M. Le Prince de Soubife,
M. Le Duc de Chaulnes,
M. Le Chevalier d'Agueffeau,
M. Le Comte de Logny-Montmorency,
M. Le Marquis de Mezieres,
M. Le Marquis de Crequy,
M. Le Marquis du Muy,
M. Le Marquis d'Anlezi,
M. Le Marquis de Sourches,
M. Le Comte de Rozen,
M. Le Comte de Fits-James,
M. Le Marquis de Beauffremont,
M. Le Prince de Tingry,
M. Le Comte de la Suze,
M. Le Duc de Fits-James,
M. Le Comte de Noailles,
M. De Cremille,
M. Du Brocard,
M. De Zurlauben,

A a ij

M. Le Marquis de Chiffreville,
M. Le Marquis de Marignanes,
M. De Mongibault,
M. Le Marquis de Jumilhac,
M. De Courtomer,
M. Le Marquis d'Armentieres,
M. Le Marquis de Souvré,
M. Le Duc de Chevreufe,
M. Le Marquis de Rubempré;
M. Le Comte d'Harcourt,
M. Le Comte du Roure,
M. De la Cofte Meffelieres,
M. Du Chambon,
M. De Gault,
M. Le Comte de Saumery;

M. De Champeron,
M. Le Marquis de Calvicre,
M. Le Comte de Rafilly,
M. Le Marquis de Fougeres,
M. Le Comte de Treffan,
M. Le Comte de Balincourt,
M. Le Chevalier de Suzy,
M. Le Chevalier d'Artaignan;
M. De Mannerbe,
M. Le Chevalier de Guers,
M. De la Motte Guerin,
M. Le Marquis de Peruffy,
M. Le Marquis de Morangies;
M. Le Vicomte de Canillac,
M. Le Marquis de Cruffol de Salles.

*Maréchal Général des Logis de l'armée.* .       M. De Cremille.
*Major Général de l'Infanterie.* . .             M. De Vaudreuil.
*Maréchal Général des Logis de la Cavalerie.* . .   M. De Croifmare.
*Intendant de l'armée.* . .                      M. De Sechelles.

# HISTOIRE
### DES
# CONQUESTES
### DE
# LOUIS XV.

## LIVRE QUATRIÉME.

### CAMPAGNE DE 1746.

Quand l'opiniâtreté de l'ennemi, la justice & l'intérêt de la Patrie forcent les Rois à combattre, leurs armes sont toujours victorieuses ; quel Monarque, prouva jamais cette vérité d'une maniere plus éclatante que celui de la France ? Il n'entreprend rien qui ne lui réussisse ; toutes les villes tombent devant lui, devant les Princes de son sang, devant les Généraux qui les assié-gent : des Places, qui avoient autrefois résisté des années entieres, ne tiennent que peu de jours contre ses efforts ; il vole de rem-parts en remparts toujours avec le même avantage ; tout plie à son aspect : sa valeur ne connoît ni obstacles, ni saisons ; il triomphe dans le plus fort de l'hiver, comme dans les plus beaux jours du

B b

printemps : envain, les frimats & les glaces femblent s'être joints aux baftions de Bruxelles, pour rendre cette capitale du Brabant imprénable ; l'ardeur des troupes Françoifes les conduit aux portcs de cette ville, elles en attaquent les tours orgueilleufes, qui ne peuvent réfifter à la violence de leurs coups, elles s'ébranlent & tombent à leurs pieds.

SIÉGE DE BRUXELLES
rendu le 20. Fevrier
1746.

# CHAPITRE PREMIER.

### Siége de BRUXELLES.

LE ROI, ayant approuvé le deffein qu'avoit formé le Maréchal de *Saxe*, de fe rendre maître de la ville de Bruxelles, ( *a* ) au milieu de l'hiver le plus rigoureux ; ce Général fit les difpofitions les plus promptes pour affûrer l'exécution de fon projet, & pour faire abandonner aux ennemis les poftes qu'ils avoient confervés fur le canal de Wilworden. Les troupes, qui avoient été diftribuées dans les différentes Places de la Flandre, qui commençoient à peine à gouter les douceurs du repos, & à fe délaffer des fatigues de la derniere campagne, eurent ordre de fe rendre à Maubeuge, Ath, Tournai, Oudenarde, Gand & Dendermonde : M. *Devaux*, Colonel du régiment d'Angoumois, s'avança avec trois bataillons & quelques compagnies de Grenadiers devant le château de Marienfal, ( *b* ) fitué fur la rive gauche du canal, qu'il paffa dans des batteaux, après avoir emporté la redoute des trois Fontaines, où il fit prifonnier de guerre un détachement de troupes Hollandoifes.

LE lendemain, le Maréchal de *Saxe*, à la tête d'un corps confidérable d'infanterie & de cavalerie, paffa le canal fur un pont de pontons, & marcha fur Bruxelles, où il fut bientôt joint par les troupes que commandoit M. de *Clermont Gallerande* : le Marquis de *Contades* fit en même tems jetter un pont fur le canal près de Laken ; il s'empara d'une redoute voifine , ainfi que du Fort

( *a* ) BRUXELLES , la plus belle & la plus riche ville des Pays - bas, capitale du Brabant , au quartier de Bruxelles , Siége du grand Général des Pays-bas Autrichiens, auquel on fait prefque les mêmes honneurs qu'au Souverain. Les Edifices publics y font magnifiques, elle eft très-commerçante ; il y a dans cette ville un Confeil d'Etat, un Confeil privé & plufieurs autres Tribunaux ; elle eft en partie fur une éminence , en partie dans une plaine agréable & fertile en grains & en pâturages , fur la Senne , à neuf lieuës d'Anvers, dix & demie de Gand & foixante de Paris.

( *b* ) PENDANT la nuit. du 29 au 30 Janvier 1746.

des Trois-trous, ( *c* ) & les cent trente hommes qui l'occupoient furent faits prifonniers de guerre : le Marquis d'*Armentieres*, Maréchal de camp qui commandoit pour lors à Ath, fe porta entre Louvain & Bruxelles, & finit par cette opération l'inveftiffement de la Place ; M. de *Philippes*, Lieutenant Général, empêcha auffi, avec le corps de troupes qu'il avoit à Binch, les garnifons des villes de Mons & de Charleroi, de rien tenter qui pût être contraire aux entreprifes du Maréchal de *Saxe*.

Tandis qu'on s'occupa à placer dans le parc, l'artillerie néceffaire pour le fiége de Bruxelles ; M. de *Beauffobre*, Brigadier & Colonel du régiment d'Huffarts de fon nom, qui marchoit vers Malines, dont il falloit s'emparer, rencontra au pont de Valhem un corps d'infanterie ennemie qu'il obligea à repaffer la riviere, & ce brave Commandant entra enfuite dans Malines avec tout fon détachement. ( *d* )

Les Graffins qui furent envoyés à Louvain eurent le même avantage ; fur le refus que firent les habitans d'ouvrir leurs portes, après qu'ils en eurent été fommés, ces généreux guerriers y mirent le feu & pénétrerent dans la Place. ( *e* )

Le Marquis de *Contades*, Maréchal de camp, à la tête d'un détachement de Dragons & de Grenadiers, alla reconnoître Wilworden, ( *f* ) que le Maréchal de *Saxe* avoit fait bombarder la veille ; à peine fe fut-il préfenté, que la garnifon, compofée de deux cent cinquante fix hommes, fut forcée de fe rendre prifonniere de guerre.

Ces glorieux fuccès, précéderent de quelques jours l'ouverture de la tranchée devant Bruxelles, qui fut ouverte vis-à-vis l'ouvrage à corne de la porte de Scarbuth. ( *g* )

Les premiers travaux de la tranchée furent heureux ; ils furent conduits avec tant de fageffe & d'activité, qu'ils furent pouffés jufqu'à mille toifes, en partant du centre de la parallele, & en s'étendant de droite & de gauche.

---

( *c* ) Le 30 Janvier.
( *d* ) Le premier Février.
( *e* ) Le deux Février.

( *f* ) Le quatre Février.
( *g* ) Ouverture de la tranchée devant Bruxelles, la nuit du 7 au 8 Février.

APRÉS

APRÉS cette premiere opération, on déboucha de la parallele fur la droite de la chauffée, par un boyau qui forma une communication vers la gauche, jufqu'à la même chauffée qui avoit été mafquée dans cet endroit ; on commença une feconde parallele à foixante toifes du chemin couvert, qui fut bientôt prolongée, & les affiégeans travaillerent dès ce moment à l'établiffement de deux batteries de quatre piéces de canon chacune, & d'une troifiéme de mortiers.

LES François déboucherent enfuite de la feconde parallele par trois endroits ; ils s'avancerent par des zigzags vers les angles faillans de l'ouvrage à corne ; ils formerent vers la gauche une communication pour les deux paralleles, difpoferent tout ce qui étoit néceffaire pour l'établiffement d'une quatriéme batterie de mortiers, firent un boyau pour former une troifiéme parallele, qui communiqua de la fappe droite à celle du centre, & poufferent deux zigzags à la gauche ; toutes ces difpofitions, qui menerent à grands pas à la brillante conquête de la capitale du Brabant, ne furent pas l'ouvrage de quatre jours entiers.

HUIT mortiers & quatre piéces de canon eurent à peine commencé à tirer, que les affiégeans, acheverent la communication de la droite au centre de la troifiéme parallele, qu'ils conftruifirent deux nouvelles batteries, & qu'ils firent, à la droite, à la gauche & au centre, des cavaliers de tranchée, d'où les Grenadiers obligerent les affiégés à abandonner le chemin couvert ; le lendemain, les François poufferent trois crochets en avant de la gauche de la derniere parallele, fur l'angle de l'ouvrage à corne ; ils couronnerent une partie du chemin couvert de la demie-lune & firent quatre traverfes tournantes de droite & de gauche.

LA communication ayant été établie de la droite à la gauche, les affiégeans firent des defcentes, fur la prolongation des faces de la demie-lune, & fur le couronnement de la place d'armes faillante ; (*h*) ces généreux efforts furent foutenus par le feu con-

---

(*h*) CE fut pendant la nuit du 14 au 15 Février ; M. de *Lanne* capitaine au régiment de Normandie, fut tué.

tinuel de dix-huit piéces de canon & de fix mortiers : les François
travaillerent enfuite au couronnement de la place d'armes de la
corne droite, ils envelopperent une partie du chemin couvert de la
corne gauche, & parvinrent à établir quatre batteries de canon ;
deux furent deftinées, l'une à battre en brêche le corps de la place, fur le prolongement de la face droite de la demi-lune, & l'autre à tirer fur la face droite de l'ouvrage à corne.

CES rapides opérations, mirent les afliégeans en état de perfectionner la communication au débouché du couronnement de la
place d'armes faillante de la demi-lune, pour la defcente du foffé,
de faire feu des quatre nouvelles batteries de canon, de travailler
à l'établiffement de deux autres batteries de mortiers, d'entreprendre, même, (a) la defcente du foffé dans la contrefcarpe de
la place d'armes faillante de la demi-lune, & de fe loger fur le
parapet ; ce pofte fut fatal au Chevalier d'Aubeterre, Colonel du
régiment Royal des Vaiffeaux, qui, allant reconnoître le logement du foffé, reçut une bleffure dont il mourut fix heures après.

LES travaux du fiége ne furent point interrompus par le feu des
afliégés ; mais, la vivacité de celui des batteries Françoifes furpaf-
foit tout ce qu'on pouvoit en attendre ; les brêches, du corps de la
place & de l'ouvrage à corne, touchoient au moment d'être praticables, lorfque les afliégés, pour prévenir les fuites funeftes d'un
affaut, fe déterminerent à arborer le drapeau blanc ; (b) les ôtages

(a) PENDANT la nuit du 17 au 18 Février.

(b) BRUXELLES fe rendit aux François le 20 Février 1746 : la capitulation fut
fignée par M. le Comte de *Kaunitz*, pour la
ville & les Autrichiens, & par M. le Général *Wander-Duyn* pour les troupes Hollandoifes qui y etoient en garnifon : M. *Devaux*, Colonel du régiment d'Angoumois
en porta la nouvelle au ROI, & les articles
de la capitulation furent ;

QUE toute la garnifon qui fe trouvoit
dans Bruxelles feroit prifonniere de guerre
& conduite où il plairoit au ROI.

QUE la porte, dite la porte de Flandre,
feroit livrée le Lundi 21 aux troupes Françoifes.

QUE la garnifon de la place fortiroit en
quatre divifions, qu'elle fortiroit par la même porte les 25, 26, 27 & 28 pour être conduite dans telle place qu'il plairoit à SA
MAJESTÉ d'ordonner.

QUE les afliégés conferveroient leurs
chevaux, & que les armes des Hollandois
feroient remifes aux magafins, pour être
renduës lors de l'échange.

QUE les troupes pourroient faire tranfporter leurs effets à Anvers, à Breda & à
Maftreicht, & que pour cet effet il leur feroit fourni des voitures aux dépens du Pays.

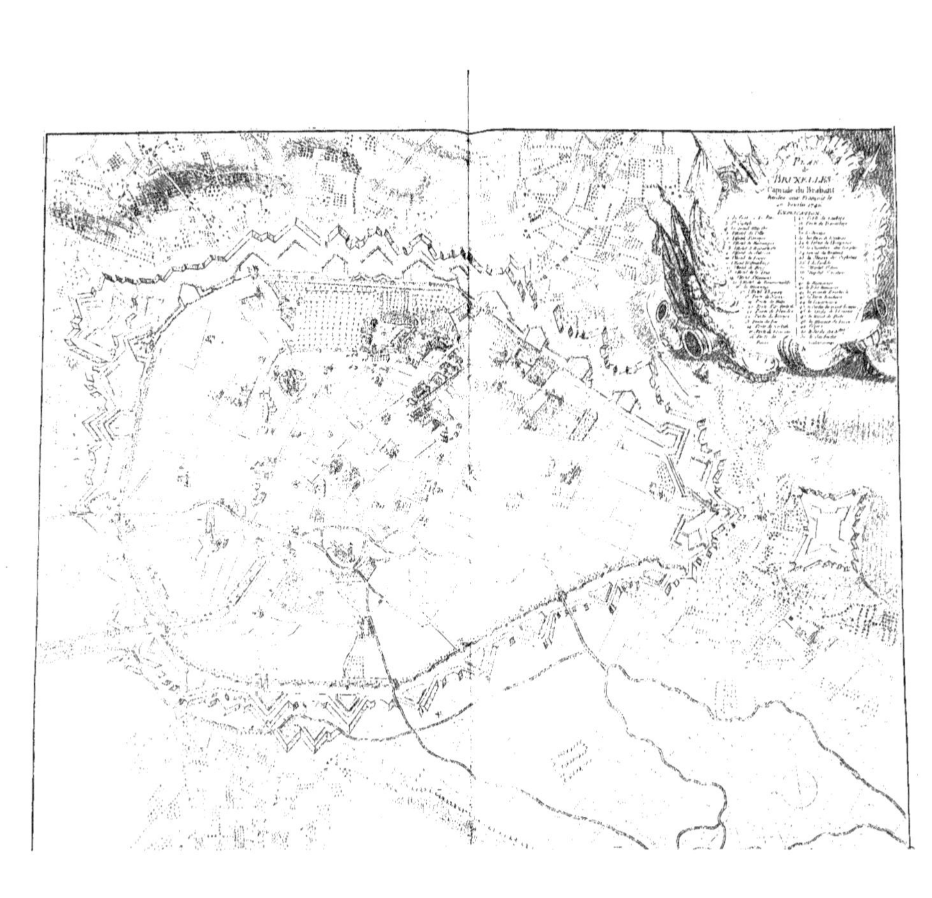

furent envoyés de part & d'autre, & la capitulation fut signée le même jour.

Q u e les Officiers de l'Etat-Major feroient relâchés fur leurs paroles dès qu'ils le fouhaiteroient.

Q u e les domestiques de M. le Duc de *Cumberland* pourroient fe retirer avec tous les effets & chevaux de ce Prince , & qu'à cet effet il leur feroit fourni des efcortes , paſſeports & voitures néceſſaires.

Q u e M. le Comte de *Kaunitz* auroit la même liberté pour fa perfonne, fa maifon, fes effets & pour ceux qui voudroient le fuivre , à l'exception des Officiers chargés de la recette des deniers publics, qui refteroient pour rendre compte de leur adminif-tration.

Q u e les effets du Prince Charles de Lorraine refteroient où ils fe trouveroient, jufqu'à ce qu'il fût pris des arrangemens pour les faire conduire où ce Prince jugeroit à propos, dans le terme de trois mois.

Q u e le Sécrétaire de la légation des Etats Généraux , pourroit refter dans la ville jufqu'à ce qu'il eût reçu des ordres ul-térieurs.

Q u e les bateliers Hollandois , avec leurs bateaux & tous autres fujets de la République, pourroient retourner chez eux.

Q u e les bâtimens Royaux feroient con-fervés dans leur entier, à l'exception des effets militaires qui s'y trouveroient.

Q u e la ville conferveroit l'artillerie qui lui appartenoit en propre.

Q u e le cours de la juflice feroit maintenu dans tous les Tribunaux , & exercé au nom de S a M a j e s t é très-Chrétienne.

L a garnifon étoit compofée de dix-huit bataillons & de deux efcadrons ; on eut raifon de comparer cette conquête au gain d'une bataille.

L e s Officiers Généraux qui commanderent la tranchée durant le fiége , furent , M M. le Comte de *Logny-Montmorency* , le Marquis de *Beaufremont* , le Comte de la *Suze*, le Comte d'*Hérouville* de *Claye*, le le Marquis de *Guerchy*, le Duc de *Chevreufe*, & de *Romecourt* Maréchaux de camp.

*Remarques fur Bruxelles.*

L a ville de Bruxelles étoit mal fortifiée avant les ouvrages & les réparations que les Alliés y firent faire pendant la campagne de 1745. Cette ville a environ deux lieuës de circuit, & a été expofée en différens tems à de grandes calamités ; en 1489 la pefte emporta près de 33000 de fes habitans ; en 1529 elle fut affligée d'une maladie contagieufe que l'on appella *la Sueur Angloife* ; le feu de la fabloniere & celui qui prit au quartier des Tifferans y confumerent jufqu'à 3500 maifons ; M. le Maréchal de Villeroi la bombarda en 1695 , quatoze églifes & plus de quatre mille maifons furent réduites en cendre par ce bombardement ; les François l'abandonnerent en 1706. L'Electeur de Baviere l'affiégea en 1708 , mais le Duc de Malborough lui en fit lever le fiége avec précipitation : le commerce principal de cette ville confifte en camelots, dentelles & tapiſſeries.

## CHAPITRE SECOND.

### *Siége d'ANVERS.*

LA poſtérité aura, ſans doute, peine à croire, que LOUIS XV au milieu des victoires, devant qui tout trembloit, ait voulu changer ſes triomphes pour la paix, & qu'il ne pût y réuſſir ; ſes ennemis ſe défioient de ſes offres ; ils lui ſuppoſoient de vaſtes projets, parce qu'ils oſoient en avoir encore ; ils prenoient cet effort de vertu pour une ruſe de guerre ou de la foibleſſe, ils s'obſtinoient à fermer les yeux ſur les propoſitions pures & déſintéreſſées de leur vainqueur : le Monarque de la France ne ſe rebuta pas ; il voulut ſauver ſes ennemis malgré eux, il leur laiſſa le tems de réfléchir ſur les ſuites malheureuſes de leur opiniâtreté, il leur faiſoit peindre ſans ceſſe tous les dangers que leur aveuglement leur préparoit ; mais, cet excès de bonté ne put rien ſur eux. Ce Héros couronné, voyant qu'il ne pouvoit obtenir la paix que par de nouvelles victoires, partit pour ſe mettre à la tête de ſon armée ; déja l'ennemi l'apperçoit, & ſent naître dans ſon cœur cette crainte qui précede toujours les malheurs ; tiendra-t'il long-tems contre ce Prince généreux ? non, la fuite devient ſa reſſource ; il cherche ſon ſalut ſous le canon de Breda, tout le Brabant rend hommage au Roi des François ; Louvain, Malines, Lierre, Arſchot, Hérental & & le Fort Sainte Marguerite reconnoiſſent ſes loix : Anvers (*a*) ne ſera pas plus rebelle que ces places ; ſes deffenſeurs

(*a*) ANVERS, grande, forte, belle & l'une des plus riches ville du monde, dans le Pays-bas, au Duché de Brabant. Elle a la figure d'un arc tendu, dont le bord de la riviere repréſente la corde ; elle a un port très-beau & très-commode. Amſterdam lui a enlevé une grande partie de ſon commerce principal depuis le traité de Munſter. Les Edifices publics au nombre de plus de 200 y ſont d'une grande beauté ; la cathédrale eſt un ouvrage achevé ; la maiſon de ville eſt regardée comme une des plus belles de l'Univers ; les rues ſont très-larges & régulieres ; le Prince de Parme la prit le 17 Août 1585, après un ſiége de près d'un an, & qui

l'abandonnent,

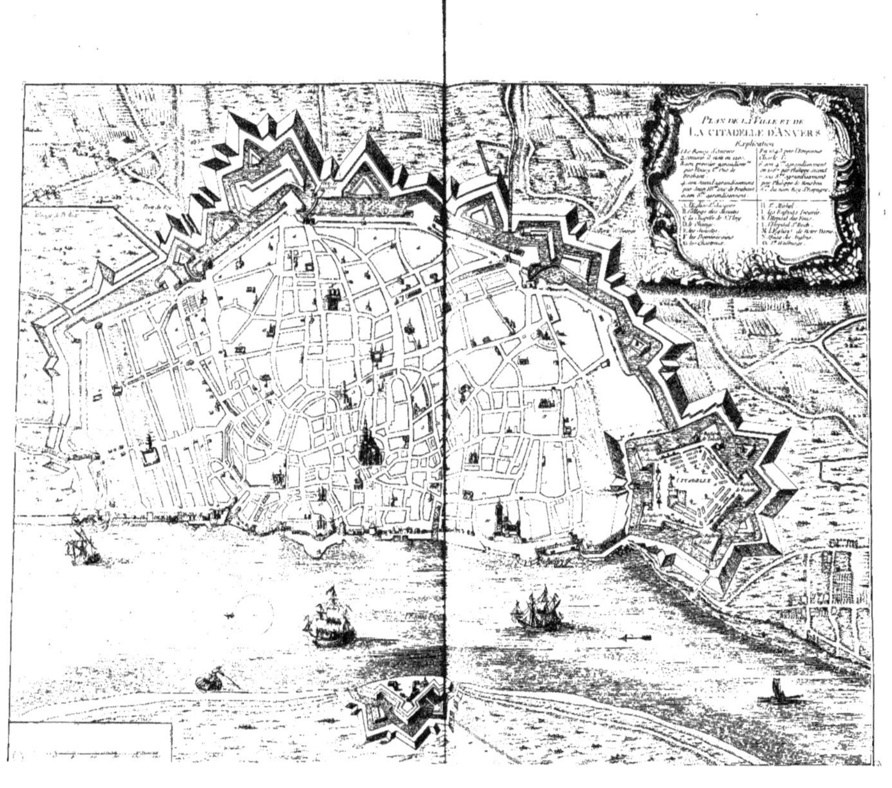

PLAN DE LA VILLE ET DE
LA CITADELLE D'ANVERS
Explication
CITADELLE

l'abandonnent, (*b*) la citadelle de cette ville eſt leur retraite, elle n'eſt pas plus ſûre pour eux ; on les pourſuit juſques aux pieds de cette fortereſſe, on en occupe les avenuës, & on ſe diſpoſe à en faire le ſiége.

L E Comte de *Clermont*, chargé de cette expédition, en preſſoit déja tous les préparatifs, avec cette noble activité qui fait évanoüir tous les obſtacles qui ſe préſente ; lorſque ce Prince, accompagné du Maréchal de *Saxe* & du Comte d'*Argenſon* Miniſtre de la guerre, alla reconnoître la partie de la citadelle qu'il ſe propoſoit d'attaquer.

A P R É S avoir tout examiné, avec ce juſte diſcernement qui aſſure le ſuccès des plus grandes entrepriſes, ce Prince, décida qu'il étoit temps d'ouvrir la tranchée, (*c*) ce qui fut fait ſur le champ, & l'attaque commença.

T R O I S mille ſix cens travailleurs furent employés à cette opération, ſous la protection de douze compagnies de Grenadiers, de deux bataillons du régiment d'Auvergne, & d'un bataillon du régiment ſuiſſe de Bettens, commandés par M. *Thomé* Maréchal de camp, & le Marquis de *Berville*, brigadier.

O N remarqua dans cette attaque, toute la valeur qui caractériſe les troupes Françoiſes, elles firent des efforts étonnans ; dès le premier jour, elles formerent du côté de la porte S. Georges, au pied du glacis de la ville, une parallele dont la gauche fut fermée par une redoute conſtruite vis-à-vis de la demi-lune de l'Eſcaut ; elles en formerent une ſeconde le lendemain, dont la droite fut appuyée au ſaillant de la communication gauche, & la gauche terminée au centre de la premiere parallele.

U N ſuccès ſi prompt fut d'un heureux préſage ; il rendit les aſſiégeans encore plus actifs ; ils établirent deux batteries, de dix mortiers chacune, qui firent auſſi-tôt un feu terrible contre la

---

fut un des plus fameux dont parle l'hiſtoire. Après la bataille de Ramillies en Juin 1706, elle ſe rendit au Duc de Malborough ; elle eſt ſur l'Eſcaut, à 9 lieuës de Bruxelles, 9 de Gand, 27 d'Amſterdam & 60 de Paris.

(*b*) L E 19 Mai 1746, la garniſon forte de 1600 hommes abandonna la ville & ſe retira dans la citadelle.

(*c*) L A tranchée fut ouverte devant la citadelle la nuit du 25 au 26 Mai.

place ; les afliégés en tremblerent ; leur frayeur redoubla , au bruit de quatorze piéces de canon qui partit du front de l'attaque à droite & à gauche ; ils tenterent plufieurs fois de rallentir la vivacité du feu de ces batteries par l'ardeur des leurs ; tant d'efforts, ne fervirent qu'à épuifer leurs reffources.

LEs afliégeans, dont l'activité croiffoit à mefure qu'ils trouvoient de la réfiftance , firent fuccéder leurs opérations les unes aux autres , avec tant de rapidité , que les afliégés n'eurent pas le tems de refpirer ; l'établiffement d'une nouvelle batterie de canon , à la gauche de la feconde parallele , acheva de les déconcerter ; ils fe crurent perdus , lorfqu'au travers du feu ils s'apperçurent que la fappe droite avoit été prolongée de deux zigzags, celle fur le baftion droit de trois , celle fur la demi-lune de deux & celle fur le baftion gauche auffi de deux ; leur crainte fe réalifa au bruit d'une nouvelle batterie de canon , qui partit du centre de la feconde parallele & qui fut fecondée d'une autre batterie de mortiers qu'on avoit placée à la tête de la fappe droite.

CE tonnerre épouvantable fit taire celui de la citadelle , on ne l'entendit prefque plus ; les fappes furent portées jufques aux palifades, & les François fe rendirent maîtres du chemin couvert, que l'ennemi fut obligé d'abandonner ; les derniers coups alloient fe tourner vers le baftion de la gauche de l'attaque , lorfque le Gouverneur fit arborer le drapeau blanc ; ( d ) on capitula & la garnifon obtint encore les honneurs de la guerre.

( d ) LE 31 Mai 1746 ; par la capitulation , qui fut fignée le lendemain , premier Juin , il fut convenu que la garnifon fortiroit avec les honneurs de la guerre , deux pieces de canon , un mortier & douze coups à tirer : ces conditions furent accordées en confidération de ce qu'il n'y avoit eû aucune bréche de formée , & que le Commandant s'étoit engagé à faire remettre au Roi les forts fitués fur la rive gauche de l'Efcaut.

LES Officiers Généraux qui commanderent, fous les ordres de M. le Comte de *Clermont* , pendant le fiége , furent , M. le Marquis de *Brezé* Lieutenant Général, & MM. *Thomé* , de *Seedorf* , le Marquis d'*Avarey* , le Comte de *Froullay* , le Comte de la *Vauguion* , le Duc d'*Havré* , de la *Peyroufe* , le Comte de *Choifeul* , le Chevalier de la *Marche* & le Chevalier d'*Aultane* , Maréchaux de camp.

Siege de MONS
rendu le 10. Juillet.
1746.

# CHAPITRE TROISIÉME.

### Siége de MONS.

LOUIS XV ayant achevé de réduire le Brabant fous fon obéiffance, réfolut de conquérir tout ce qui appartenoit encore à la Reine de Hongrie dans le Hainault ; le fiége de Mons fut le premier objet qui fe préfenta & qui parut le plus capable de faire réuffir cette grande entreprife ; SA MAJESTÉ en chargea M. le Prince de *Conti.*

CE grand Général, accoutumé à combattre, ou plutôt à vaincre fous les étendarts de fon Roi, ne tarda pas à donner de nouvelles preuves de fa valeur & de fa capacité ; il fit inveftir cette place ; (*b*) d'un côté par le Duc de *Boufflers,* avec feize bataillons & vingt-quatre efcadrons, de l'autre par le Comte d'*Eftrées* avec trente bataillons.

CE premier pas fut fuivi de toutes les difpofitions qui précedent ordinairement les évenemens heureux ; on conftruifit des ponts de communication entre les quartiers, on établit deux batteries de canon qui tirerent auffi-tôt contre la premiere redoute de Nimy qu'elles foudroyerent, & on s'empara du pofte qui la gardoit.

LES foldats François augurerent avantageufement, dès les premiers jours, pour le fuccès du Siége ; leur ardeur croiffoit avec l'efpérance, & en moins de vingt-quatre heures ils conftrui-

---

(*a*) MONS, ancienne, grande, belle, riche & très-forte ville des Pays-bas, capitale du Hainaut Autrichien ; il y a de forts beaux Edifices publics. Le Duc d'Albe la prit en 1572 ; le Maréchal d'Humieres la bloqua en 1677. Louis XIV la prit en 1691, les Alliés la reprirent en 1705 ; elle refta à la maifon d'Autriche par la paix d'Utrecht ; elle eft en partie fur une mon-tagne, & en partie dans la plaine dans un terrein marécageux fur la trouille, à deux lieuës de S. Guilain, dont les éclufes la défendent, à 7 lieuës de Valenciennes & de Tournai, 4 de Maubeuge, 12 de Cambrai, 15 de Namur & 50 de Paris.

(*b*) INVESTISSEMENT, le 7 Juin 1746.

firent, en avant du bois, fur la rive droite de la haute Haine, deux nouvelles batteries qui ruinerent le petit ouvrage à corne fitué fur cette riviere.

L E Prince de *Conti* vit éclore du fein de ces avantages l'inftant de l'attaque, fon courage le faifit avec cet empreffement ordinaire aux Héros ; il détermina deux attaques, l'une fur le front de Bertamont, l'autre fur celui de Nimy, & fit ouvrir la tranchée en même temps dans les deux endroits ; ( *c* ) la garde de la tranchée, à l'attaque de Bertamont, fut confiée au Marquis de la *Farre* & au Duc de *Briffac*, qui avoient à leurs ordres trois bataillons, fix compagnies de Grenadiers auxiliaires & deux piquets de Dragons, & celle à l'attaque de Nimy, fut donnée au Comte de la *Mothe - Oudancourt* & au Comte de *Biffy*, qui commandoient auffi trois autres bataillons, fix compagnies de Grenadiers auxiliaires & un piquet de Dragons.

L E s travailleurs qui furent employés à l'attaque de Bertamont, parvinrent en peu de temps à former une parallele, à deux cent toifes du chemin couvert, dont la gauche fut appuyée à l'inondation de Quefme & la droite au village d'Hion, tandis que ceux qui furent commandés pour l'attaque de Nimy en formerent une autre à quatre-vingt toifes du chemin couvert, qui s'étendoit par la gauche jufqu'à la capitale d'un ouvrage que les affiégeans avoient eu la précaution de conftruire fur le bord de l'inondation.

C E s premiers triomphes, rendirent le Prince de *Conti* de plus en plus entreprenant ; il fit conftruire, avec une promptitude incroyable, deux batteries de canon, l'une contre la face gauche de la porte de Nimy, l'autre contre le demi-baftion de la gauche de l'ouvrage à corne ; le feu qui fortit de ces bouches meurtrieres répandit de tous côtés le trépas & l'effroy ; l'ennemi intimidé ne put en foutenir l'impétuofité, il chercha loin de fes retranchemens un azile moins périlleux, mais la mort & les François le fuivirent partout. On vît les affiégeans tous couverts de

( *c* ) O U V E R T U R E de la tranchée la | Ingénieur fut bleffé.
nuit du 24 au 25 Juin ; M. de Montfort, |

pouffiere

pouffiere s'élancer d'un pas audacieux vers les deux redoutes, nommées le fort Corbeau & le fort l'Eclufe, les attaquer avec intrépidité, & s'en emparer. ( *d* )

C E S avantages multipliés prouverent avec éclat l'habileté, l'expérience & le courage héroïque du Prince de *Conti*; ce brave capitaine, dont l'ardeur infatigable ne laiffoit point de relâche aux affiégés, en fit bientôt naître de nouveaux ; il redoubla fes efforts contre Bertamont & fit gémir Nimy fous des coups encore plus violens que ceux qu'il venoit de lui porter.

L E S affiégés harcelés de toutes parts, eurent beau oppofer à l'activité des François le feu de leur moufqueterie, ils ne purent rallentir le courage de ces guerriers intrépides; en vain, fit-on pleuvoir fur leurs têtes une grêle de bombes enflammées, ces foldats, qui couroient à la gloire, n'en furent point ébranlés, leur audace augmenta avec l'horreur, ils fe précipiterent, avec tant de furie, à travers les dangers, qu'ils perfectionnerent, en fort peu de temps, à l'attaque de Bertamont le front de la communication du chemin couvert & qu'ils couronnerent à celle de Nimy tout le front de l'ouvrage à corne.

C E T T E rapidité de progrès étourdit entiérement l'ennemi ; il tenta plufieurs fois d'en arrêter le cours ; il accumula obftacles fur obftacles : foible reffource contre un Prince magnanime qui fraye à des Héros le chemin qui mene à la victoire ; ces efforts furent inutiles, & ne retarderent point les opérations du fiége.

L E S mines du demi baftion ayant été éventées, on plaça des gabions fur le haut de la brêche de cet ouvrage, & l'on fit le long du chemin couvert de la branche gauche, vingt-cinq toifes de double fappe, avec un retour, qui coupa le chemin couvert & le glacis à fappe pleine.

T A N D I S qu'on ajouta à ces travaux tout ce qui parût nécef-

_______

( *d* ) C E fut le 26 Juin, les affiégeans, eurent fept hommes tués ou bleffés, ils firent cinquante prifonniers & trouverent fept piéces de canon dans ces redoutes, qui étoient deftinées pour défendre la digue qui foutient l'inondation du côté de la Quefme.

E e

faire pour accélérer la ruine de Mons, le Prince de *Conti*, vit fortir de nouveaux lauriers du fein de l'attaque de Nimy ; le logement qu'il avoit fait établir dans l'ouvrage à corne fût prolongé dans le rempart, jufqu'à l'extrémité des deux branches, & la fappe, dans le terre-plein du chemin couvert de la branche gauche, fut pouffée à très-peu de diftance de la place d'armes qui couvroit la porte de Nimy.

L E s logemens perfectionnés, tant à l'attaque de Bertamont qu'à celle de Nimy, plufieurs batteries de canon, de pierriers & de mortiers, furent prefqu'auffi-tôt établies contre tous les ouvrages qui paroiffoient encore s'oppofer au triomphe des François ; à peine ces batteries eurent-elles commencé à tirer, que les affiégés, hors d'état de pouvoir efpérer de rallentir l'impétuofité d'un feu auffi terrible, & d'arrêter le progrès des maux qu'il avoit déja caufé, furent forcés d'arborer le drapeau blanc aux deux attaques : ( *e* ) dès que le vainqueur l'eût apperçu, les hoftilités ceflerent & la capitulation fut fignée le lendemain.

L E fiége de S. Guilain ( *f* ) fuivit de près cette derniere & brillante conquête ; le Marquis de la *Farre*, chargé de cette expédition, fit inveftir la place ( *g* ) trois jours après la réduction de Mons.

(e) L E 10 Juillet 1746 ; par la capitulation, la garnifon, compofée de fix bataillons des troupes de la Reine de Hongrie, de fix bataillons Hollandois & de quelques efcadrons, fut faite prifonniere de guerre.

L E s Officiers Généraux qui monterent fucceffivement la tranchée pendant le fiége, furent, MM. le Marquis de la *Farre*, le Comte de la *Mothe-Houdancourt*, le Marquis de *Fenelon*, le Comte de *Lautrec*, le Comte de *Chabannes*, le Comte de *Coigny*, le Marquis du *Chatel*, le Comte d'*Eftrées*, le Marquis de *Clermont* d'*Amboife*, de *Sallieres*, de *Momin*, le Comte de la *Riviere*, le Comte de *Trefmes* Lieutenans Généraux & MM. le Duc de *Briffac*, le Comte de *Biffy*, le Chevalier d'*Agueffeau*, le Marquis de *Fiennes*, le Marquis de *Pont Saint Pierre*, le Marquis du *Muy*, le Duc de *Fleury*, le Comte de *Blet*, le Comte de *Faudoas*, du *Mefnil*, le Marquis d'*Andlau*, le Marquis de *Surgeres*, le Comte de *Coetlogon*, le Marquis de *Baupreau*, & de *Bernage* de *Chaumont* Maréchaux de camp.

( *f* ) S A I N T Guilain, ville des Pays-bas Autrichiens dans le Hainaut, dans la prevôté de Mons qu'elle défend par fes éclufes. Les François la prirent en 1678. Louis XI V la rendit à l'Efpagne par le traité de Nimegue. Les Alliés la prirent en 1708 & en 1709, elle étoit demeurée à la Maifon d'Autriche, elle eft dans un lieu marécageux, fur la riviere de Haine, à deux lieuës de Mons.

( *g* ) L E 14 Juillet 1746.

AUSSI-TOT que les affiégeans eurent établi à la gauche de la chauffée d'Ath, une batterie de canon & une autre de mortier, pour inquiéter l'ennemi dans la redoute de Bourdou ; deux compagnies de Grenadiers attaquerent de front cette redoute, (*h*) tandis que deux autres fe mirent dans des bateaux, pour l'aller prendre de revers ; les ennemis voyant leur retraite coupée fe rendirent fans beaucoup de réfiftance.

CE premier fuccès facilita l'établiffement d'une nouvelle batterie de mortier & de deux autres de canon, qui furent deftinées à prendre à dos & de revers la tête de Hornu & les ouvrages avancés fur la baffe Haine.

DÉS que la tranchée fut enfuite ouverte devant la place, (*i*) les travaux avancerent avec autant de rapidité qu'on pût le défirer ; les affiégeans, tirerent à la droite une parallele qui déborda la flaque d'eau, ils firent un débouché fur la gauche pour arriver à la premiere eftacade fur la digue & fe trouverent en état, en moins de vingt-quatre heures, de tranfporter, fur des batteaux joints enfemble, deux piéces de canon, qu'ils mirént auffi-tôt en batterie : les Grenadiers François, la terreur des ennemis, couperent l'eftacade à coups de haches, marcherent à l'ouvrage avancé & l'emporterent ; (*k*) ces intrépides guerriers cherchoient encore de nouveaux dangers, lorfque les affiégés allerent au devant des fers qu'on leur préparoit ; ils arborerent le drapeau blanc (*l*) & capitulerent.

CHARLEROI (*m*) ne tarda pas à éprouver le même fort que

---

(*h*) LA nuit du 17 au 18 Juillet.

(*i*) OUVERTURE de la tranchée la nuit du 21 au 22 Juillet.

(*k*) PENDANT la nuit du 23 au 24 Juillet.

(*l*) LE 25 Juillet ; par la capitulation, la garnifon fe rendit prifonniere de guerre.

(*m*) CHARLEROI, petite, mais très-forte ville des Pays-bas Autrichiens, au Comté de Namur, bâtie par les Efpagnols en 1666, qui la nommerent du nom de Charles II, ils l'abandonnerent en 1667, à l'approche des François auxquels elle fut cédée en 1668. Elle fut renduë aux Efpagnols en 1678 ; les François la bombarderent en 1692, la prirent en 1693, & la rendirent aux Efpagnols en 1697 ; elle fut cédée à Charles VI par le traité d'Utrecht ; il y a un fort & une forterefſe, elle eft fur la Sambre & le Piéton, à 8 lieuës de Namur & 7 & demie de Mons.

S. Guilain ; cette place fut inveftie, ( *n* ) par les ordres du Prince de *Conti*, auffi-tôt après la prife de Mons.

A Peine ce grand conquérant eût-il pris les mefures nécef-faires, pour rendre les opérations de ce fiége promptes & heu-reufes, que la tranchée fut ouverte en même temps aux trois at-taques qu'il avoit déterminées ; ( *o* ) la premiere, fur le front de la porte de Bruxelles, la feconde, fur le Poligone vis-à-vis le village de Montigny & la troifiéme fur la partie de la baffe ville qui faifoit face au village de Marcinelles.

Les avantages qui fuivirent bientôt l'ouverture de la tran-chée, furent marqués au coin de l'intrépidité la plus déterminée; trois paralleles faites à l'attaque de Montigny, l'établiffement d'un logement dans une redoute que les affiégés avoient été for-cés d'abandonner, l'envahiffement de la gallerie fouterraine, qui communiquoit au faillant de la petite lunette gauche, la conf-truction d'une batterie de canon à la gauche de la redoute, une parallele perfectionnée devant la porte de Bruxelles, une autre devant Marcinelles, & une redoute emportée l'épée à la main à cette attaque, ne furent l'ouvrage que d'un feul jour.

Les François, ayant enfuite perfectionné la gauche & le cen-tre de la troifiéme parallele de Montigny, ils éleverent deux bat-teries pour battre en brêche, fe logerent dans la place d'armes faillante, firent une communication derriere ces batteries, pro-longerent la troifiéme parallele jufqu'à la Sambre, le long de la-quelle ils poufferent une fappe de bout avec des traverfes tournan-tes, & conftruifirent une troifiéme batterie de mortier, derriere la droite de la troifiéme parallele.

Ces grandes opérations furent couronnées par une action bien glorieufe; quinze Grenadiers, poftés dans le logement du faillant, au devant de la petite lunette de la gauche, ayant apperçûs quel-ques mouvemens dans le foffé, s'y précipiterent avec tant de zele & de courage, ( *p* ) que l'ennemi effrayé, abandonna fur le champ

( *n* ) Le 14 Juillet.  
( *o* ) Ouverture de la tranchée de-    |   vant Charleroi, la nuit du 28 au 29 Juillet.  
                                       |   ( *p* ) Le 2 Août à la pointe du jour.

les

les trois lunettes, la demi-lune & même l'ouvrage à corne, juſqu'où ces redoutables guerriers oſerent le pourſuivre.

CE petit nombre de Héros, ſe trouvant alors ſoutenu par tous
les autres Grenadiers de la tranchée, s'élança avec audace dans
l'ouvrage à corne & ſe diſpoſoit à emporter le chemin couvert de
la place, quand les aſſiégés arborerent le drapeau blanc à cette
attaque ; ils furent bien-tôt contraints d'en faire autant aux deux
autres.

LA porte de Bruxelles, en butte à toutes les horreurs d'un
ſiége cruël, ne put auſſi réſiſter plus long-temps aux généreux
efforts des aſſiégeans, dont les cris victorieux ſe faiſoient entendre au loin ; les aſſiégés qui défendoient cette porte céderent à la
fureur des Grenadiers qui, maîtres du chemin couvert & déja
répandus dans la ville, la menaçoient de l'emporter d'aſſaut ; le
drapeau blanc qu'on arbora ſur le baſtion gauche, diſſipa ce dernier orage prêt à éclater.

LA réſiſtance ne fut pas plus longue, du côté de Marcinelles,
le Prince de *Conti*, ayant attaqué le retranchement que les ennemis avoient fait au-delà de la Sambre & les ayant pourſuivis juſqu'au chemin couvert de la place, il les força de battre la chamade & de demander à capituler. ( *q* )

<hr>

(*q*) LES aſſiégés arborerent le drapeau | la garniſon, compoſée de trois bataillons,
blanc aux trois attaques le 2 Août ; par la | fut faite priſonniere de guerre.
capitulation, qui fut ſignée le même jour,

# CHAPITRE QUATRIÉME.

*Siége des Ville & Château de NAMUR.*

LES victoires de LOUIS XV s'étoient multipliées avec tant de rapidité, entre la Mer & la Meuse, qu'il ne reftoit plus à la Reine de Hongrie, entre l'une & l'autre, que Namur, (*a*) d'où elle pût inquiéter les anciennes frontieres de la France & pénétrer dans les nouvelles conquêtes du ROI ; cette derniere reffource parut mériter tous les foins du Prince *Charles de Lorraine*, qui employa tout ce que l'apparence lui offrit de plus propre à la conferver ; il raffembla toutes fes forces dans un camp, dont la feule fituation fembloit devoir arrêter tous les efforts des François, & mettre Namur à l'abri de leurs coups ; il accumula obftacles fur obftacles, & ferma, par des barrieres, prefque impénétrables, toutes les avenuës qui pouvoient conduire à cette place fi précieufe ; vaines précautions, contre un Héros, qui avoit pour lui fon courage incapable de fe rallentir, fon habileté qui le fervit toujours à propos & la fortune de fon Roi qui ne l'abandonna jamais.

LE Maréchal de *Saxe*, que fon héroifme reconnû & fa valeur développée dès fa tendre jeuneffe avoient élevé au faîte de la gloire militaire, ce grand Général, chargé pour ainfi dire du deftin de la France, confondit bientôt les vaftes projets de l'ennemi ; il ménagea fes mouvemens avec tant de prudence, il concerta fa marche fi fécrétement qu'il vint à bout, par la pofition avanta-

(*a*) NAMUR, grande, riche & très-forte ville des Pays-bas, capitale du Comté de Namur avec un fort château, plufieurs forts, dont les plus confidérables, font le fort Guillaume, le fort de Meufe, & le fort de Cocquelet. Louis XIV la prit en 1692, après fix jours de tranchée ouverte ; Guillaume III, Roi d'Angleterre la reprit en 1695. Le Feld Maréchal Auwerkerque la bombarda en 1704 ; elle fut cédée à la maifon d'Autriche par la paix d'Utrecht en 1713, & la garde en fut confiée aux Etats Généraux par le traité de Barrieres : elle eft entre deux montagnes au confluent de la Meufe & de la Sambre, à 5 lieuës de Hui, 10 de Bruxelles, 15 de Mons & 60 de Paris.

SIEGE DES VILLE ET
CHATEAUX DE NAMUR
Rendus les 19 et 20 7bre 1746

geufe qu'il faifit , d'enlever au Prince *Charles de Lorraine* toute efpece de fubfiftance.

C E premier fuccès fut la fource de tous ceux qui le fuivirent ; ce Héros, força les Alliés d'abandonner leur camp & de chercher un autre afile au-delà de la Meufe ; ils fentirent dès ce moment, combien il leur feroit difficile d'éluder les pourfuites de leurs ennemis , & à combien de malheurs ils alloient être expofés ; leur crainte, en effet, ne tarda pas à fe réalifer.

L E Comte de *Clermont* , qu'une cruelle maladie venoit de mettre aux portes du tombeau , triomphe à peine de la mort, qu'il vôle la défier devant les remparts de Namur.

D É J A cette ville redoutable , dont les approches fembloient innacceffibles , eft inveftie ; ( *b* ) cinquante-neuf bataillons & cinquante-fix efcadrons, commandés par un Prince toujours victorieux en ménacent les mûrs & les attaquent ; cinq batteries de canon , deux dirigées fur les ouvrages avancés de la porte S. Nicolas, deux autres fur les hauteurs, vis-à-vis des forts S. Antoine & d'Efpinoir, & la cinquiéme fur la rive gauche de la haute Sambre ouvrirent la fcêne par un feu auffi vif que meurtrier : ces foudres de guerre prirent encore un dégré d'horreur , par le bruit épouvantable qui partit en même temps de plufieurs autres batteries , que l'activité des affiégeans venoit d'élever.

C E prélude bruyant répandit la terreur parmi l'ennemi , qui fit les plus grands efforts pour arrêter l'impétuofité du feu de toutes ces batteries ; les François, de leur côté , pleins de cette noble ardeur qui brilloit dans les yeux de leur Général , féconderent les glorieux exploits de ce Prince , avec tant de zéle & de courage , qu'ils embrafferent à la droite , dès leurs premieres tentatives, ( *c* ) le fort Cocquelet, par un boyau qu'ils poufferent jufqu'à trente toifes du chemin couvert du fort de S. Ifidore & qu'ils en formerent deux de communication, à l'attaque de la porte de S. Nicolas , jufqu'à la Meufe.

L'ARTILLERIE Françoife devenoit de plus en plus confidérable, elle facilitoit avec trop de fuccès les opérations du Comte de *Clermont*, pour que les affiégés puffent encore réfifter long-temps aux coups qu'on leur portoit ; une nouvelle batterie, de huit mortiers, dirigée contre le fort Cocquelet, une autre, de huit piéces de canon & de deux mortiers, établie contre l'ouvrage à corne de S. Nicolas & contre une redoute, fituée fur la rive droite de la Meufe, acheverent de jetter le défordre dans la ville.

LE Comte de *Clermont*, ayant enfuite fait prolonger les boyaux commencés fur la capitale du fort Cocquelet, jufqu'à l'angle faillant du chemin couvert de ce fort, fit perfectionner, en fappes tournantes les débouchés de la feconde attaque & s'empara, par efcalade, du demi-baftion de la Meufe, ( *d* ) dans lequel il fit prifonniers de guerre, cinq Officiers, un Ingénieur & cent douze Soldats.

CES généreux efforts précéderent de bien peu, ceux qui rendirent le Comte de *Clermont* vainqueur de Namur ; ce Prince, à la tête de douze compagnie de Grenadiers, qui voloient par-tout où l'impatience de vaincre les entrainoit, s'étant gliffé le long de la Meufe, monta par la brêche de l'enveloppe de la porte S. Nicolas, s'empara de ce vafte terrein, y fit tirer une parallele, à laquelle on communiqua par les ponts de la courtine & de la demi-lune, fit couronner le chemin couvert du corps de la place, & obligea, par ce dernier coup de Maître, l'ennemi à arborer le drapeau blanc ; ( *e* ) dès qu'il parût, les hoftilités cefferent, la capitulation fut fignée & les portes de S. Nicolas & de Fer furent remifes au Comte de *Clermont*, qui accorda au Commandant de la place le temps de fe retirer, avec fa garnifon, dans les châteaux.

ON touchoit au cinquiéme jour depuis la capitulation de la ville, quand les horreurs de la guerre fe renouvellerent, ( *f* ) le feu qui partit, en même-temps, de quarante piéces de canon &

---

( *d* ) LE 15 Septembre.

( *e* ) NAMUR fe rendit le 19 Septembre 1746, & la capitulation fut fignée le même jour.

( *f* ) C'ÉTOIT le 24 Septembre.

de

de trente - six mortiers, établis sur les remparts de la ville de Namur, fut le signal de l'attaque des châteaux.

Le Comte de *Clermont*, dont l'ardeur croissoit au milieu des dangers, fit ouvrir la tranchée en deux endroits ; (*g*) l'une du côté du vieux mur & l'autre vers l'Abbaye de Salsines.

A Peine ce Prince belliqueux eût-il montré à ses soldats le chemin de la victoire, qu'ils franchirent, d'un pas audacieux, tous les obstacles qui s'opposoient à leur passage : ils prolongerent la premiere attaque jusqu'au-delà du fort Camus, embrasserent par la parallele une redoute située sur la gauche, contre laquelle ils dresserent une batterie de canon, qui ne cessa point de tirer pendant une nuit entiere, & pousserent un boyau sur l'angle saillant du chemin couvert jusqu'à quatre toises de la palissade.

Les travaux de la seconde attaque avancerent avec la même rapidité ; les assiégeans, ayant débouché de la premiere parallele, éleverent une batterie qu'ils destinerent à foudroyer la porte basse de Terre Neuve ; ils formerent ensuite la droite d'une seconde parallele, & ouvrirent deux boyaux qui, s'étendant le long de la Sambre, se terminerent à la montagne.

Malgré le feu violent & continuel des assiégés, qui démasquerent quatre embrasures sur la capitale à droite & à gauche du du fort Camus, (*h*) le Comte de *Clermont* fit attacher le mineur à l'angle saillant de l'ouvrage qui couvroit ce fort, fit déboucher par un boyau qui longeoit la branche du chemin couvert & qui embrassoit l'angle de la capitale, & ordonna l'établissement de deux nouvelles batteries, l'une de huit piéces de canon, l'autre

---

(*g*) La nuit du 24 au 25 Septembre, M. de *Primlet*, capitaine dans le régiment d'Enguien fut tué ; M. de *Blanzi*, officier d'artillerie, & M. de la *Pollerie*, capitaine dans le régiment de Mestre de Camp Général, furent blessés ; M. de *Foberg*, Ingénieur en chef & Lieutenant Colonel au service de Sa Majesté catholique, reçut un coup de fusil au travers du corps ; ce dernier officier étoit le même qui, l'année précédente, étant à la tête de cent hommes, s'empara de Pavie ; il servit comme volontaire aux siéges d'Anvers, de Mons, de Charleroi & de Namur, & fut chargé pendant ce dernier siége de conduire 12 compagnies de Grenadiers par la brèche à l'assaut de l'ouvrage à corne de la porte de S. Nicolas.

(*h*) Le 26 Septembre, le lendemain 27, MM. de *Vaubrun* & *Sallier* Ingénieurs, & M. de la *Bassonniere* capitaine dans le régiment de Cambresis, furent, le premier tué & les deux autres blessés.

de fix mortiers : ( *i* ) le feu que vômit ce nouvel Etna fut fi terrible, que les châteaux euſſent été entierement ruinés en très - peu
de temps, fi le Commandant de la place, qui s'apperçut du rapide
progrès des batteries françoifes, n'eut prévenu ce défaſtre affreux
en arborant le drapeau blanc ( *k* ) & en demandant à capituler.

( *i* ) L A nuit du 27 au 28 Septembre,
M M. de *Saune* & de *Narbonne* capitaines
dans le régiment de Monaco, M. de *Court*
capitaine dans le régiment de la Cour au
Chantre, & M. de *Brionville* furent bleſſés,
le premier eut les deux jambes emportées
d'un coup de canon.

( *k* ) L E S châteaux de Namur fe rendirent le 30 Septembre 1746. Par la capitulation, fignée le même jour, il fut convenu que la garnifon, compofée de treize
bataillons & d'un efcadron de cavalerie, fe
rendroit prifonniere de guerre ; que le lendemain elle fortiroit par la porte du bord de
l'eau & mettroit les armes bas à la barriere,
après quoi, elle paſſeroit la Sambre au pont
de Salfines, d'où elle iroit avec efcorte par
la chauſſée, la premiere journée à Gem-
blours & la feconde à Mons ; qu'il lui feroit
fourni aux frais du pays, foit par eau foit
par terre, tous les fecours dont elle auroit
befoin & qu'il feroit permis aux Officiers
d'emporter les équipages & effets qui leur
appartenoient ; qu'auſſi-tôt après la capitulation fignée, tous les ouvrages extérieurs
feroient remis aux aſſiégeans, ainfi qu'une
porte des châteaux, au choix de M. le Comte de *Clermont*, & que l'artillerie & les magafins feroient livrés aux Commiſſaires
d'artillerie & aux Commiſſaires des guerres,
que ce Prince nommeroit pour les recevoir ; que tous les prifonniers faits par les
aſſiégés pendant le fiége de la ville & pendant celui des châteaux, en quelque occafion où dans quelque pofte que ce pût être,

feroient mis en liberté, & que perfonne de
part ni d'autre ne pourroit entrer dans la
ville ni dans les châteaux qu'après l'expira-
tion du terme donné pour la fortie de la garnifon ; que la garnifon laiſſeroit en ôtages un
Officier Major d'un régiment, un Capitaine & un Auditeur, pour la fûreté du paye-
ment des dettes du fifc & de celles des troupes ; qu'un tiers des Officiers pourroit fe retirer fur leur parole d'honneur, où ils juge-
roient à propos ; qu'on accorderoit la même liberté à tous les Officiers de l'Etat Major de la ville & des châteaux & qu'on leur
expédieroit les paſſeports néceſſaires.

L E S Officiers Généraux qui commanderent, fous les ordres de M. le Comte de
*Clermont*, pendant les fiéges des ville &
châteaux de Namur, furent, M M. le Comte de *Segur*, le Marquis de *Putanges*, le
Marquis de *Chazeron*, le Marquis de *S. Jal*,
le Marquis de *Villemur* & le Comte de
*Lowendal*, Lieutenans Généraux ; le Marquis de *Fimarcon*, le Marquis de *Bellefond*,
le Duc de *Chevreuse*, le Marquis *Duchatelet*,
le Vicomte de *Pons*, le Marquis de *Fiennes*,
le Baron de *Montmorency*, le Chevalier de
*Gramont*, le Comte de *Levy*, le Comte de
*Coetlogon*, le Duc de *Fitzjames*, le Duc de
*Chaulnes*, le Marquis de *Fremur*, le Marquis
de *Bauffremont*, le Chevalier de *Nicolay*, le
Marquis de *Vibraye*, le Marquis de *Surgeres*,
le Comte de *Luſſan*, le Comte de *Blet*, le
Duc d'*Havré*, le Comte de *Froulay* & le
Chevalier *Chauvelin*, Maréchaux de camp.

ri-
ieu
ide
ux

e de
is la
ira-
gar-
s un
itai-
iye-
rou-
re-
ge-
nê-
Ma-
eur

an-
e de
: &
om-
, le
*lal*,
de
lar-
*nd*,
*elet*,
*nes*,
r de
c de
c de
*quis*
y, le
*eres*,
:, le
& le
imp.

BATAILLE
DE ROCOUX
Gagnée sur les alliés
le 11.8bre 1746.

# CHAPITRE CINQUIÉME.

*Bataille de ROCOUX.*

SI la France vit un temps ou ces feux, ces illuminations, ces monumens paſſagers de la gloire, devenus un ſpectacle commun, n'attiroient plus la multitude raſſaſiée de ſuccès, cette campagne en eſt l'époque; quelle fécondité de triomphes! quel enchainement de victoires! on ne voit dans tous le pays ennemi, que débris, que ruines, qu'horreur, que carnage, tout y eſt teint de ſang, & le vaincu, au milieu de ce cahos de décombremens, oſe encore former des projets ambitieux; il ſe flatte d'arrêter dans ſon cours l'armée françoiſe qui, comme un torrent impétueux, inonde ſes provinces; il ſe retranche dans les lignes d'Elderen; foibles obſtacles pour les vainqueurs de Namur. Déja ce camp ſi redoutable eſt déſert, on le change pour un autre; Houtain & Grace ſeront-ils des aziles plus avantageux que ceux qu'on abandonne? Le Maréchal Comte de *Saxe*, que ſes heureux exploits, ſes victoires accumulées, ſon intrépidité & ſa rare prudence avoient rendu le maître des ſuccès, le modele des guerriers; ce grand conquérant, devant qui on ne fit jamais de faux mouvemens impunément, prouva bientôt, que ceux que le Prince *Charles de Lorraine* venoit de hazarder alloient replonger les Alliés dans de nouveaux périls, puiſqu'ils les mettoient dans la néceſſité inévitable de combattre.

DÉJA les troupes Françoiſes ont paſſé le Jar ( *a* ) & occupent le terrein qui ſépare les deux chauſſées qui conduiſent à Liége; le Maréchal de *Saxe*, auſſi habile à diriger la marche d'une armée qu'à en régler l'action & les mouvemens en un jour de combat; ce Héros, qui porté ſur les ailes de la victoire, au comble des honneurs de Mars, ſçut en juſtifier les faveurs par l'étenduë de ſon génie, par la ſupériorité de ſes talens, par la juſteſſe de ſes

______
( *a* ) L'ARMÉE paſſa le Jar le 10 Octobre 1746.

projets, par l'infaillibilité de fes mefures, par la vivacité & l'ordre de l'exécution, vit en un inftant fon armée rangée fur quatre lignes ; fa droite étoit appuyée à Hognoul, fa gauche à Neudorp, un corps de réferve formoit la troifiéme ligne derriere le village de Houté, & celui que commandoit le Marquis de *Contades* formoit la quatrieme.

L E s troupes détachées, aux ordres du Comte de *Clermont* & du Comte d'*Eftrées*, camperent en avant de l'armée, fur la chauffée de S. Tron à Liége, & celles commandées par M M. de *Clermont Gallerande* & de *Mortagne* fe placerent à la gauche.

V o i l a quel fut le fruit des premiers foins du Maréchal de *Saxe*; ceux qu'il prit enfuite ne furent pas moins effentiels ; il alla reconnoître la pofition des ennemis, qu'il découvrit fur les hauteurs, leur droite dépaffoit la cenfe d'Enick & leur gauche fe répandoit fur Ance & dans le faubourg de S . Valburge.

C e t t e découverte régla les mouvemens que fit le Comte de *Saxe* pour affurer le fuccès de fon projet ; l'ordre le plus exact regnoit dans tous les rangs, & les Officiers Généraux, qui devoient commander les différentes attaques des villages que les Alliés occupoient, bruloient d'impatience d'en venir aux mains avec l'ennemi, lorfqu'on vit percer, à travers des nüages qui couvroient le Ciel, ce jour glorieux qui devoit faire tant d'honneur à la nation Françoife : le Maréchal de *Saxe* l'attendoit avec trop d'ardeur pour manquer d'empreffement ; il fit battre la générale, & l'armée marcha fur dix colonnes paralleles jufqu'à la hauteur du village de Loutain, qui avoit été donné pour point de direction de la marche de chaque colonne.

D é s qu'on fut arrivé à l'endroit d'où l'on devoit aller à l'ennemi, la cavalerie des deux aîles fe mit en ordre de bataille & l'infanterie chargée des attaques refta en colonnes par bataillons.

T a n d i s que le Maréchal de *Saxe* faifoit briller fes vives lumieres dans tout leur éclat, & qu'il déployoit fi heureufement cette habilité confommée à ranger une armée en bataille, le Prince *Charles de Lorraine* s'avança à cinq cens pas environ de fon camp, fans abandonner les différens poftes qu'il occupoit fur les hauteurs,

& fit

& fit fes difpofitions pour le combat ; l'inftant qui devoit le voir commencer n'étoit pas éloigné, le feu du canon, placé à la droite de l'armée Françoife, en donna le fignal & la fcêne s'ouvrit dans le faubourg de Sainte Valburge ( *b* ) & dans le village d'Ance : le Comte de *Clermont* & le Comte d'*Eſtrées*, à la tête des brigades de Picardie, de Champagne, de Monaco, de Segur, de la Ferre & de Bourbon, s'y porterent avec tant d'intrépidité, que l'enne-mi, ne pouvant plus foutenir l'ardeur impétueufe de ces Héros, fut obligé d'abandonner ces poftes.

L E Maréchal de *Saxe*, accoutumé à braver ces foudres d'ai-rain qui fembloient refpecter fa tête, donna à cette attaque tou-tes les marques d'un brave Soldat, il combattit avec la même diftinction à toutes les autres ; le champ de Varoux lui offrit de nouveaux lauriers, il vola les partager avec le Marquis de *Mau-bourg*, qui développa dans cette action toute l'ame d'un véritable Héros ; les brigades d'Orléans, des Vaiffeaux, de Beauvoifis & de Rouergue, témoins des rifques que ces deux grands Généraux couroient, féconderent leurs efforts avec un fi généreux mépris de la mort, qu'ils forcerent l'ennemi, qui s'étoit retranché der-riere les hayës du village, à chercher fon falut plus loin. ( *c* )

C E nouvel avantage répandit la confternation dans tous les cœurs des Alliés ; le Marquis d'*Hérouville*, Lieutenant Général, combla leur défefpoir : ce brave guerrier, les yeux étincelans de ce beau feu qui femble préfager la victoire, conduifit les Brigades de Navarre, d'Auvergne, de Royal & de Montmorin contre le village de Rocoux ; ( *d* ) cette indomptable phalange, femblable à la nuë qui renferme dans fon fein le tonnerre, s'avança fur l'en-nemi, l'éblouît de fes feux, & fe fraya à travers les morts & les mourans une route à l'immortalité : M. de *Clermont Gallerande* & le corps qu'il commandoit n'eurent pas peu de part à la gloire de cette derniere attaque, ils y firent des prodiges de valeur.

C E fut alors, mais trop tard, que toutes les funeftes horreurs

( *b* ) C' E S T un faubourg de Liége.

( *c* ) M O N S I E U R le Marquis de *Mau-bourg* eut un cheval tué fous lui à cette at-taque.

( *d* ) R O C O U X , village dés Pays - bas près de Liége.

H h

qui fuivent ordinairement les batailles fe peignirent aux yeux des Alliés ; leur imagination intimidée ne leur répréfentoit plus que des bleffés confondus parmi des morts , que des dépouilles fanglantes, que des armes brifées, que des foldats percés & meurtris, qui , élevant une voix expirante pour demander du fecours, recevoient le dernier coup de la main de leurs propres compagnons, de leurs plus intimes amis.

L E Maréchal de *Saxe* témoin de tant de fuccès , dont il avoit partagé tous les périls, ne borna pas encore là fa victoire ; ce conquérant , qui fembloit avoir réuni dans fa perfonne l'activité infatigable d'Annibal avec la prudence confommée de Fabius, forma le projet d'attaquer le refte de l'armée ennemie ; il vola exécuter ce deffein à la tête de fix bataillons qui le fuivirent fur les hauteurs où étoient les redoutes des Alliés.

C E Héros les ayant trouvées défertes , chercha de la réfiftan ailleurs , il n'en rencontra nulle part , tout plioit devant lui ; la cavalerie Hollandoife ne pouvant plus tenir contre le tonnerre de l'artillerie Françoife ; qui ne ceffoit de gronder , mit le refte de l'armée dans une telle confufion que tout fe débanda ; la fuite fut la reffource des vaincus ; la nuit, qui furvint fort à propos pour eux , arrêta l'impétuofité du Maréchal qui les pourfuivoit vivement : ce grand capitaine , retenu par deux ravins impraticables que les ténebres rendoient encore plus affreux, fe contenta de faire canonner les fuyards dans leur retraite ; ils y perdirent beaucoup de monde, par l'attention qu'eût le Comte d'*Eftrées* de faire avancer des troupes légeres vers leurs ponts. ( *e* )

C E S derniers coups terminerent cette glorieufe journée ; ( *f* ) le Maréchal de *Saxe* , marchant fur les traces des Turennes , des

---

( *e* ) C E s ponts étoient fur la Meufe.

( *f* ) C E T T E bataille fe donna le 11 Octobre 1746 : elle couta aux ennemis treize mille hommes tant tués que bleffés & faits prifonniers ; on leur prit neuf drapeaux , un étendart , & foixante quatre piéces de canon ; les vainqueurs eurent mille hommes de tués & deux mille bleffés :

M O N S I E U R le Marquis de *Fénélon* , Lieutenant Général , reçut un coup de canon à la jambe dont il mourut peu de tems après.

L E Prince de *Monaco* , le Marquis de *Laval* , & M. *Bonaventure* , brigadiers, le Marquis de *Béçons* , le Marquis de *Ségur* , le Comte de *Bafteroi* , M. de *Lugeac* , le Comte de *Montmorin* , & le Comte de la *Tour d'Auvergne* furent auffi bleffés.

Condés, y remplit parfaitement tout ce qu'on pouvoit attendre de ſes talens pour la guerre & de ſon zele pour la gloire d'un Prin- ce, auquel il avoit conſacré ſon épée & ſes ſervices par choix & par inclination.

LE Comte de *Clermont*, digne émule de ce Héros, ne fit pas des prodiges de valeur moins éclatans ; on le vit pendant toute la chaleur du combat, voler au-devant des périls, ſe précipiter dans les plus forts eſcadrons des ennemis, porter la mort dans tous les rangs, entaſſer lauriers ſur lauriers & s'en former autant de dé- grés pour parvenir au faîte de la gloire.

TOUS les Officiers Généraux, à qui la conduite des différen- tes attaques avoit été confiée, partagerent l'honneur de cette ac- tion avec ce Prince courageux qui leur frayoit par tout une route aſſurée à la victoire : les Commandans de chaque corps, les Of- ficiers ſubalternes, les ſimples Soldats firent éclater en ce jour la plus noble intrépidité & montrerent juſqu'où l'éxemple des Héros peut conduire les François.

*Fin du quatriéme Livre.*

# OFFICIERS GÉNÉRAUX,
### Qui fervirent pendant la Campagne de 1746.

*Ordre de Bataille de l'armée du* R o i *du* 16 *Août* 1746.

## LE ROI,

*M. LE MARECHAL COMTE DE SAXE.*

### PREMIERE LIGNE.

#### *LIEUTENANS GÉNÉRAUX,*

M. Le Duc d'Harcourt ,
M. Le Comte de Clermont Tonnerre ,
M. Le Marquis de Maubourg ,
M. de Bukley ,
M. Le Chevalier de S. André ,
M. Le Duc de Boutteville ,
M. Le Marquis de Brezé ,

M. Le Comte de Baviere ;
M. De Salieres ,
M. Le Comte d'Eſtrées ,
M. Le Duc de Randan ,
M. Le Marquis de Villemur ;
M. Le Comte de Treſmes ,
M. De Contades.

### *MARÉCHAUX DE CAMP.*

M. Le Duc de Briſſac ;
M. Le Duc de Chaulnes ,
L. Le Comte de Relingue ,
M. Le Marquis du Muy ,
M. Le Chevalier du Muy ,
M. Le Comte de Noailles ,
M. Le Comte de Faudoas ,
M. Le Duc d'Havré ,
M. Le Comte de Froullay ;

M. Le Marquis d'Armentieres ;
M. Le Comte de Lorges ,
M. Le Comte de la Vauguyon ,
M. Le Duc de Fitz-James ,
M. Le Chevalier d'Agueſſeau ,
M. Le Comte d'Andlau ,
M. Le Marquis de Fiennes ,
M. Le Comte de Montmorency ,
M. Le Comte de Graville ,

### *BRIGADIERS.*

M. Le Marquis de Chabrillan ,
M. Le Chevalier de Beaucayre ,
M. De Pierre Feu ,
M. Le Marquis de Cernay ;
M. Le Comte de la Maſſais ,
M. Le Marquis de Crillon ,
M. Le Comte de Bergeick ,
M. Parron ,
M. De Vaux ,

M. De la Broſſe ;
M. Paſcal ,
M. Le Comte de Vence ;
M. Le Marquis de Rougé ;
M. De Tanus ,
M. Le Marquis d'Havrincourt ;
M. Le Comte de Rumain ,
M. Le Marquis de Poyanne ,
M. Le Comte de Brionne ,

SECONDE

## SECONDE LIGNE.

### *LIEUTENANS GÉNÉRAUX,*

M. Le Comte de la Mothe-Houdancourt.
M. Le Marquis d'Hérouville ,
M. Le Marquis de Clermont d'Amboise ,
M. Le Marquis de Clermont Gallerande ,
M. Le Marquis Duchatel ,
M. Le Prince de Pons ,

M. Le Duc de Bouflers ,
M. Le Duc de Luxembourg ,
M. Le Marquis de Fenelon ,
M. Le Comte de Lowendal ,
M. Le Comte de Langeron ,

### *MARECHAUX DE CAMP.*

M. Le Marquis de Souvré ,
M. Le Marquis de la Coste Messeliere ,
M. De la Marche ,
M. Le Chevalier d'Aultanne ,
M. Le Marquis de Choiseul ,
M. Le Marquis Rosen ,
M. Le Comte de Coetlogon ,
M. Le Comte de Blet ,
M. Le Chevalier de Gramont ,

M. Le Duc de Lauraguais ,
M. Le Marquis de S. Pern ,
M. Le Comte de Lussan ,
M. Le Marquis d'Anlesi ,
M. Le Marquis de Sourches ,
M. Le Comte de Beuvron ,
M. Le Marquis de Bisly fils ,
M. Le Chevalier Chauvelin.

### *BRIGADIERS.*

M Le Duc d'Olonne ,
M. Le Chevalier de Dreux ,
M. Le Prince de Monaco,
M. Le Prince de Guise ,
M. De Bombelles ,
M. Le Marquis de Barbançon ,
M. Bonaventure ,
M. Le Prince de Croy ,

M. Le Marquis de Voyer ,
M. D'Hauterive ,
M. Le Chevalier de Montbarrey,
M. Le Marquis des Salles ,
M. Le Marquis Destainville ,
M. Le Marquis de Maupeou ,
M. Le Chevalier de Pons.

## Sur les Aîles de la seconde ligne ,

*M. Thomé Maréchal de camp.*
*M. De Séedorff Maréchal de camp.*

# TROISIEME LIGNE.

### *LIEUTENANS GÉNÉRAUX.*

M. Le Comte de Lautrec,
M. Le Comte de Chabannes,
M. Le Comte de Beranger,
M. Le Chevalier de Belle-Ifle,
M. Le Marquis du Châtelet-Lomont,

M. Le Marquis de Meufe,
M. Le Marquis de Croiffy,
M. Le Marquis de Pontchartrain,
M. Le Comte de Clare,
M. De Monnin,

### *MARÉCHAUX DE CAMP.*

M. Le Marquis Duchâtelet,
M. Le Prince de Soubife,
M. Bernage de Chaumont,
M. Le Comte de Treffan,
M. Le Prince de Tingry,
M. Le Duc de Fleury,
M. Le Duc de Broglie,
M. De la Peyroufe,

M. Le Marquis Dumefnil,
M. Le Marquis de Chabanais,
M. Le Marquis de Montmorin,
M. Le Duc de Duras,
M. Le Comte de Pons,
M. Le Comte de Guerchy,
M. Le Marquis de Beaupreau,
M. Le Comte de S. Germain.

### *BRIGADIERS.*

M. Le Marquis de Ruffey,
M. Le Comte de Duglas,
M. Le Marquis de Laval,
M. De la Neufville,
M. Boiffeau,
M, De Berville,
M. De S. Segraux,
M. Le Chevalier Dailly,

M. De la Roche,
M. Le Marquis de **Cuftine**,
M- De la Serre,
M. De Salency,
M. Le Marquis de **Crenay**,
M. Darros,
M, Du Corail.

## RESERVE,

### *LIEUTENANS GÉNÉRAUX,*

M. Le Comte de Clermont,
M. Le Comte de Berchini,
M. Du Kaïla,
M. Le Comte de Courtomer,
M. Le Duc de Biron,

M. Le Marquis de Chiffreville,
M. Le Marquis de Marignane,
M. De Montgibault,
M. Le Comte de Monteffon,

### *MARÉCHAUX DE CAMP.*

M. Le Comte de Logny-Montmorency,
M. Le Marquis de Crequy,
M. Le Comte de Rafilly,
M. Le Chevalier de Guers,
M. Le Comte du Roure,
M. Du Chambon,
M. Le Marquis de Fougeres,
M. Le Comte de Treffan,

M. Le Comte de Balincourt,
M. Le Chevalier de Suzy,
M. Le Marquis de Perruffy,
M. Le Marquis de Morangies,
M. Le Vicomte de Canillac,
M. Le Marquis de la Luzerne,
M. Le Marquis de la Salle.

### *BRIGADIERS.*

M. Le Comte de Raugrave,
M. De la Valette,
M. Le Comte de Guiry,
M. Le Chevalier de Braffac,
M. Deftournelles,

M. Le Comte d'Apremont,
M. Le Chevalier Du Châtelet,
M. De S. Clair,
M. Le Comte de Lynden,
M. De Beauffobre,

## Corps détachés fur les Aîles.

## PREMIER

### *LIEUTENANS GÉNÉRAUX,*

M. Le Comte de Segur,
M. Le Marquis de Chazeron,

M. Le Marquis de S. Jal,
M. Le Comte de Mortaigne.

### *MARÉCHAUX DE CAMP,*

M. Le Marquis de Lévis,
M. Le Marquis de Fremur,

M. Le Chevalier de Nicolay,
M. Le Marquis de Vibraye.

## SECOND CORPS.

### LIEUTENANT GENERAL,

M. Le Marquis de Putanges.

*MARÉCHAUX DE CAMP,*

M. Le Comte de la Claviere ,             M. Le Comte de Montbarey ,
M. De Boudeville,                        M. De Bellefonds.
M. De Cruffol ,

## TROISIÉME CORPS.

### LIEUTENANT GENERAL,

M. Le Comte de Coigny.

*MARECHAUX DE CAMP,*

M. Le Marquis de Surgeres ,             M. Le Comte de la Suze.

*BRIGADIERS,*

M. Le Chevalier de Saumery,             M. Le Marquis de Bouflers.
M. Le Marquis d'Argenfe ,

## QUATRIEME CORPS.

*MARECHAUX DE CAMP;*

M. Le Duc de Chevreufe ,                | M. Le Marquis de Beauffremont.

*BRIGADIERS,*

M. Dupleffis ,                          M. Le Marquis d'Asfeld.
M. D'Aubigny ,

## ARTILLERIE.

*LIEUTENANS GÉNÉRAUX ,*

M. Le Chevalier de la Rocheaymon ,      M. Thiboutot.
M. De Malezieu ,

*BRIGADIERS ,*

M. Le Chevalier de Fontenay ,           M. Le Chevalier de Fontenay ,
M. De Pumbecque ,                       M. De Valliere fils ,
M. Pelletier ,                          M. De Richecourt ,
M. Le Chevalier Pelletier ,             M. Labinon.

Cent foixante piéces de canon.

# HISTOIRE
## DES
# CONQUESTES
### DE
# LOUIS XV.

## LIVRE CINQUIÉME.

### CAMPAGNES DE 1747 & 1748.

IL sembloit au comencement de cette anneé qu'il fût temps
enfin que LOUIS LE BIEN AIMÉ se délassât des fatigues de
la guerre, à l'ombre des lauriers qui l'environnoient; & son cœur
plus occupé du bonheur de ses peuples, qu'enivré de l'honneur séduisant d'enchaîner l'Univers, ne songeoit plus qu'à procurer à l'Europe la paix la plus heureuse, quand ce Monarque
Généreux s'apperçut qu'elle n'étoit pas toujours le fruit des
égards & des ménagemens.

AVANT d'entreprendre la conquête des Pays-bas Hollandois,
SA MAJESTÉ, prit toutes les mesures les plus capables d'éteindre le flambeau de la guerre : Elle fit sçavoir aux Etats Généraux

K k

des Provinces unies , les motifs fur lefquels elle fe propofoit de régler les opérations de fes troupes : Elle leur fit mettre fous les yeux les témoignages d'affection & de bienveillance qu'elle leur avoit donnés , depuis le commencement de la guerre , malgré leur perféverance à fournir aux ennemis de fa couronne des ref-fources de toute efpece : Elle leur fit répréfenter les ménagemens infinis qu'elle avoit eus pour eux , & les démarches multipliées qu'elle avoit faites pour procurer une pacification générale ; en-fin , Elle leur fit peindre le danger inévitable ou leur impruden-ce alloit les engager, s'ils négligeoient de faire ufage des moyens qu'ils avoient encore de le prévenir. ( *a* )

T A N T de raifons auroient dû, fans doute , les écarter du préci-pice où ils alloient fe plonger; mais, toujours pleins des impreffions qu'ils avoient reçues des Miniftres de la Grande Bretagne , ils aimerent mieux courir les rifques d'attirer fur leurs têtes l'orage le plus affreux , que d'abandonner le parti de la Reine de Hon-grie. Cet entêtement leur coûta cher. Le R o i , forcé de leur apprendre à refpecter d'avantage les égards qu'il avoit eus pour eux , fit entrer fes troupes fur leurs terres , & les Pays-bas Hol-landois devinrent bien-tôt le théâtre de la guerre la plus cruelle.

---

( *a* ) L e 17 Avril 1747 , M. l'Abbé de la Ville , Miniftre du Roi auprès des Etats-Généraux des Provinces unies , remit un Mémoire au Préfident de l'affemblée des Etats-Généraux , par lequel S a M a j e s t é invitoit cette République à écouter la voix de la paix.

SIEGE DE L'ÉCLUSE
Rendu le 21. Avril
1747.

## CHAPITRE PREMIER.

*Siéges de l'Ecluse & du Sas de G A N D.*

APRÉS que les troupes qui s'étoient assemblées à Gand, sous les ordres du Comte de *Lowendal*, se furent mises en marche, ( *a* ) ce Général en partit aussi avec un détachement & se rendit en un seul jour à Aerdembourg ; cette marche précipitée n'étonna pas peu le Commandant de l'Ecluse, ( *b* ) il envoya sur le champ en demander la raison : le Comte de *Lowendal*, lui fit dire qu'il étoit venu pour s'emparer de sa place, & faire sa garnison prisonniere. Les effets suivirent de près cette réponse ; apeine eut-elle été rapportée au Commandant de l'Ecluse, que le Comte de *Lowendal* attaqua cette place. Dès la pointe du jour suivant, ( *c* ) six compagnies de Grenadiers, soutenues de quatre piquets, s'emparerent, sans aucune résistance, de la redoute sur la digue, & de l'épaulement qui la suivoit, ils poursuivirent même l'ennemi jusqu'au ténaillon qui couvroit l'Ecluse.

LA vivacité d'un feu de mousqueterie, que les assiégés firent alors, ne permit pas au Comte de *Lowendal* d'aller plus loin ; trop prudent pour exposer la vie de ses soldats sans espérance d'un avantage certain, il les fit retirer derriere l'épaulement, au pied duquel la tranchée fut ouverte la même nuit. ( *d* ) Les assiégeans guidés par un Héros consommé dans l'art de la guerre, firent des prodiges de valeur : les travaux avancerent avec une rapidité étonnante ; on fit une demie paralelle, à laquelle on communiqua par quinze

( *a* ) LE 17 Avril 1747.

( *b* ) L'ECLUSE, petite mais très-forte ville des Pays-bas Hollandois, au Comté de Flandre, avec un très-bon port & des écluses. Les Anglois l'assiégerent envain en 1405, & les Brugeois en 1436. Les Hollandois commandés par le Comte Maurice de Nassau, la prirent en 1604, elle est défenduë par plusieurs forts, & est proche la mer, à trois lieuës & demie de Bruges.

( *c* ) C'ÉTOIT le 19 Avril. Le même jour M. *Petitot*, capitaine de Grenadiers du régiment de Monnin, eût la jambe emportée d'un boulet de canon.

( *d* ) OUVERTURE de la tranchée la nuit du 19 au 20 Avril 1747.

zigzags, & la nuit fuivante, on en fit une feconde & une troifiéme : ce nouvel ouvrage augmenta l'ardeur de ceux qui y furent
employés ; on fe trouva dès ce moment à portée de communiquer de la premiere paralelle à la feconde par un feul boyau, & de
la feconde à la troifiéme par fept zigzags.

CE progrès rapide d'opérations conduifit à de nouveaux efforts ; le Comte de *Lowendal* donnant par - tout l'exemple, fur-
monta tous les obftacles qui l'empêchoient d'approcher du ténaillon ; quelques heures lui fuffirent pour y arriver : l'ennemi ne
voyant plus de reffources, fentit toute l'inutilité d'une plus longue défenfe, il battit la chamade & arbora le drapeau blanc ; (*e*)
le lendemain, la capitulation fut fignée & le Commandant fe
rendit prifonnier de guerre avec fa garnifon.

APRÉS cette glorieufe expédition, le Comte de *Lowendal*
marcha au Sas de Gand, (*f*) qu'il avoit invefti en même - temps
que l'Eclufe ; ce grand Général ayant preffé les attaques de cette
place, avec fa valeur & fon activité ordinaire, la tranchée fut ouverte prefqu'auffi - tôt qu'il eut paru. (*g*) Envain l'horreur & la
mort vôlent de toutes parts autour de lui, rien n'étonne la grandeur de fon courage ; inébranlable au milieu du feu, il examine
& voit tout avec des yeux tranquilles & affurés : le génie le plus
profond & l'expérience la plus confommée dictent les ordres qu'il
donne ; on les exécute, & ce qui paroît impoffible devient l'ouvrage d'un jour. Après avoir tout confidéré, avec cette prudence
qui caractérife les Héros, il fit faire à la droite du canal de Gand

(*e*) LE 21 Avril 1747, par la capitulation fignée le 22, il fut convenu que la
garnifon compofée de trois bataillons Hollandois feroit prifonniere de guerre. Le 24,
les forts d'Iffendick & de la Perle, furent
forcés de fe rendre, la garnifon du fort
d'Iffendick compofée de trois cens hommes
& celle du fort de la Perle compofée de
deux cens hommes, furent faites prifon-
nieres de guerre.

(*f*) LE Sas de Gand, petite ville très-
forte de la Flandre Hollandoife au quartier
de Gand ; elle eft fur un canal qui commu-
nique avec Gand, dont elle eft à trois
lieuës. Les Gantois la bâtirent pour être
un boulevard de leur ville, mais les Hollandois la prirent en 1644, elle leur eft demeurée. Elle a un havre fitué au milieu
d'un fort à quatre baftions, & eft à un quart
de lieuë du fort S. Antoine, & à une lieuë
de Philippine.

(*g*) OUVERTURE de la tranchée la
nuit du 26 au 27 Avril 1747.

une

SIEGE,
DU SAS DE GAND,
rendu le 30 Avril
1747.

une parallele devant le fort S. Antoine avec fes communications,
& fit établir deux batteries de canon contre ce fort, dont la prife
étoit néceffaire pour faciliter celle du Sas de Gand ; il fit auffi
placer vingt-quatre piéces de canon fur la digue de l'autre côté du
Crickt, & huit mortiers en cinq batteries, qui prirent de revers
& à dos les ouvrages de la ville ; un jour fut fuffifant pour toutes
ces opérations.

LES affiégeans fe porterent enfuite aux deux rives du canal
de Gand, par des zigzags & par une fappe en crémaillere, jufques tout près du fort ; ce nouveau progrès déconcerta entiérement ceux qui le défendoient, ils demanderent à capituler (*h*)
& fe rendirent prifonniers de guerre.

A PEINE le fort S. Antoine fût-il foumis au pouvoir des François, que malgré les ombres de la nuit qui commençoient à fe
répandre, on pouffa en avant du fort vingt zigzags au bout defquels on fit un crochet ; on s'approcha le long de la digue de Philippine jufqu'à cent toifes du chemin couvert ; ces travaux mirent,
la nuit fuivante, le Comte de *Lowendal*, en état de pouffer à l'attaque du Sas de Gand une fappe de bout avec fept traverfes tournantes, de s'emparer du chemin couvert & de s'y loger.

LES affiégés, qui s'étoient confumés en efforts impuiffans, fe
trouverent alors forcés de rendre les armes, ils battirent la chamade & demanderent à capituler : (*i*) par cette capitulation la
garnifon fut faite prifonniere de guerre.

---

( *h* ) LE 28 Avril, & l'on y fit 30 prifonniers de guerre.
   ( *i* ) LE 30 Avril 1747, la garnifon compofée d'un bataillon du régiment de Gade-
lier & de deux compagnies du régiment de
Braw fut faite prifonniere de guerre.

## CHAPITRE SECOND.

*Siéges de* P H I L I P P I N E *, de* H U L S T *& d'* A X E L.

L E siége du fort de Philippine ( *a* ) fut fait avec la même rapidité que les autres ; le Comte de *Lowendal* ayant fait offrir à la
garnison des conditions honorables , qui furent refusées , fit ouvrir la tranchée devant cette place. ( *b* )

L A tranchée fut ouverte en deux endroits , à droite , on fit
faire une demie parallele à environ deux cent vingt toises du chemin couvert , & on y communiqua par dix-neuf zigzags ; à gauche on en fit faire une autre à deux cent toises, à laquelle on communiqua par quinze : la nuit suivante , le Comte de *Lowendal*
donna de nouveaux ordres : à la droite , ce Général fit pousser en
avant cinq zigzags au bout desquels il fit faire un crochet , & on
établit dans la demie parallele une batterie de canon , & une autre
de mortiers : à la gauche on en dressa aussi une autre de canon ;
tout cela fut aussi heureusement exécuté qu'imaginé : sept nouveaux zigzags qu'on poussa à la droite & au bout desquels on fit
un crochet , ne couterent pas plus de temps qu'en avoient cou-
tées les opérations de la nuit précédente : celles qui devoient sui-
vre pour forcer la place à se rendre , sembloient exiger de plus
longs travaux ; mais le Comte de *Lowendal* , voyant qu'il n'y
avoit plus qu'un pas à faire pour enlever toutes ressources à l'ennemi , fit prolonger la sappe par neuf zigzags jusqu'à la fleche,
d'où l'on se porta sur le saillant droit du chemin couvert que l'on
couronna. Ce dernier effort fit sentir aux assiégés tout le poids
de leur imprudence ; les offres qu'on leur avoit faites , avant l'ouverture de la tranchée, leur revinrent à l'esprit, mais il n'étoit

( *a* ) P H I L I P P I N E , fort des Pays-bas ,
au Brabant Hollandois , sur le bras occidental de l'Escaut. Le Comte de Nassau le
prit en 1633 ; les Espaguols furent contraints d'en lever le siége quelque temps
après & en 1635. Il est à une lieue du Sas
de Gand.

( *b* ) O U V E R T U R E de la tranchée la
nuit du 2 au 3 Mai 1747.

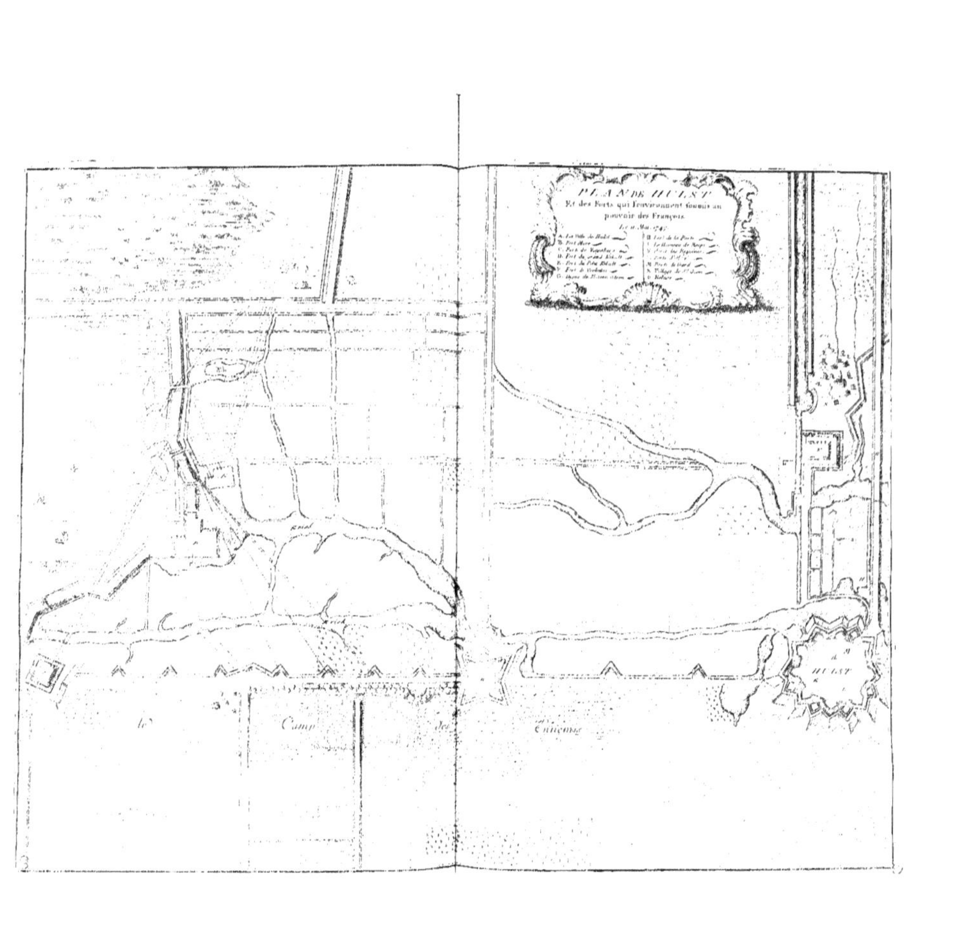

PLAN DE HULST
Et des Forts qui l'environnent soumis au
pouvoir des François
Le 11 Mai 1747
A. La Ville de Hulst
B. Fort Moer
C. Fort de Vogeltheos
D. Fort du grand Rebult
E. Fort du Petit Rebult
F. Fort de Verheulen
G. Digue de Moervaërt
H. Fort de la Perle
I. Le Hameau de Mospe
K. Fort des Papistes
L. Fort d'Offly
M. Fort de Nard
N. Village de St Jean
O. Hulster
le Camp des Ennemis
HULST

plus tems d'en gouter l'avantage ; les circonſtances étoient chan-
gées ; victimes de leur témérité , il fallut demander à capituler ;
ils brulerent le pont de la Courtine ; la garniſon , compoſée de
cinq cens quatre vingt hommes, capitula le lendemain à la pointe
du jour & ſe rendit priſonniere de guerre. ( *c* )

PHILIPPINE , ſoumis à l'obéiſſance des François , il ſe répandit des bruits que les ennemis menaçoient Anvers ; le Comte
de *Lowendal* reçut des ordres pour s'y rendre & le Marquis de
*Contades* fut chargé de toute la conduite du ſiége de Hulſt ; (*d*) ce
Général , dont les exploits fameux paſſeront aux ſiécles les plus
reculés , l'avoit déja commencé.

LES premiers travaux de ce ſiége furent heureux ; quand les
intérêts d'un Prince que l'on adore, & l'amour de la gloire inſ-
pirent des cœurs courageux , tout devient aiſé : quelques jours
avoient ſuffi pour s'emparer du grand & du petit Kikult , pour
faire & perfectionner une communication de près de cinq cens
toiſes ſur la digue qui y conduiſit à couvert , & pour commencer
l'établiſſement de deux batteries, l'une de canon & l'autre de mortiers. La conſtruction d'un petit logement, pour placer une compagnie de Grenadiers , la difficulté d'établir deux batteries , ſur
la digue du Polore de Kildereckt , pour battre de revers & d'en-
filade le fort Zantberg, de ſe porter enſuite en avant juſqu'à un
redan qui formoit la digue , & de cheminer de bout à traverſes
tournantes ſur cent trente toiſes , ne furent pas l'ouvrage d'un
temps plus conſidérable. Le Marquis de *Contades* , eut encore
la ſatisfaction de voir, en un plus court eſpace , emporter la bat-

---

( *c* ) C'ÉTOIT le 6 Mai 1747. On
trouva dans ce fort vingt-ſept piéces de canon de fonte.

( *d* ) HULST , petite mais très-forte ville
des Pays-bas Hollandois au Comté de Flandre , capitale d'un bailliage du même
nom , au quartier de Gand ; *les* Confede-
rés la prirent en 1578 ; le Duc de Parme en
1583 ; le Prince Maurice en 1591 après
ſix jours de tranchée ; l'Archiduc d'Albert
en 1596 & Frederic Henri, Prince d'Orange, la reprit aux Eſpagnols en 1615 , & depuis ce temps elle eſt reſtée aux Hollandois ; MM. de Bednar & de Vauban furent contraints d'en lever le ſiége en 1702.
Il y a un très-bel hôtel de ville , & la maiſon du Commandant eſt la plus belle de toute la Flandre ; cette ville eſt à ſix licuës
d'Anvers & ſept de Gand.

terie des ennemis fur la digue , en deçà du fort Zantberg , par fix compagnies de Grenadiers, qui taillerent en piéces quatre vingt-dix hommes qui la gardoient.

CES braves guerriers, entrainés par l'ardeur de vaincre, & tous couverts des lauriers qu'ils ceuilloient de toutes mains, ne purent modérer la rapidité de leur courfe ; portant plus loin la terreur & la mort , ils firent un nouveau carnage de tout ce qui fe rencontra fous leurs coups. Ces prodiges de valeur euffent conduit infenfiblement à de nouvelles opérations, qui auroient affuré dans l'inftant la conquête de la place , fi trois bataillons ennemis qui marcherent en ordre n'euffent forcés par la fupériorité du nombre nos Grenadiers à fe retirer & à abandonner la batterie qu'ils venoient d'enlever , & le logement qui étoit déja fait, pour rentrer dans leur ancien terrein.

LES François fe releverent bien‑tôt de ce petit échec , & l'ennemi ne profita pas long-temps de ce foible avantage ; le Marquis de *Contades* fit prolonger la fappe de bout, & établir une nouvelle batterie pour ruiner celle des ennemis ; cette nouvelle tentative fut plus heureufe que la premiere , cinq compagnies de Grenadiers marcherent à cette batterie , l'attaquerent de front & de côté , & fe porterent au-delà pour couvrir les travailleurs qui firent un bon logement , auquel on communiqua tout de fuite. Ces travaux fi heureufement conduits , augmenterent l'activité des affiégeans, ils pousserent la fappe jufqu'à l'éclufe , devant laquelle on fit une demie parallele.

APRES toutes ces grandes opérations, on couronna le chemin couvert de droit & de gauche , & le couronnement ayant été prolongé , on fit la defcente du foffé , & l'on porta le pont qu'on avoit commencé jufqu'au tiers de fa largeur.

ON touchoit au treziéme jour de travaux , lorfque le Commandant du fort de Zantberg demanda à capituler ; ( e ) les

---

( e ) CE fort fe rendit le 10 Mai 1747 , on y fit 83 prifonniers ; cette prife fut précédée de deux attaques très-vives , elles couterent 600 hommes aux ennemis , & les affiégeans eurent 150 hommes tués ou bleffés : la feconde attaque dura depuis neuf heures du foir jufqu'à deux heures après minuit, une heure après , le feu prit à des

*affiégeans*

affiégeans entrerent dans ce fort à midi, & les ennemis fe retirerent du côté de la ville : le Marquis de *Contades* ordonna enfuite qu'on fe portât dès le foir même, jufqu'au-delà du fort Roepe, que l'ennemi avoit abandonné, & pendant la nuit on s'avança en droiture le long d'une digue, fur la ville, devant laquelle on alloit ouvrir la tranchée, lorfque le Gouverneur de la place fit arborer le drapeau blanc. (*f*) Par la capitulation qui fut fignée le lendemain, le Gouverneur obtint les honneurs de la guerre, pour lui, pour fes adjudans & pour quatre cens hommes à fon choix, mais, fans canon, drapeau, ni étendard : le refte de la garnifon compofée de quatre-vingt dix-fept Officiers & de feize cens quatre-vingt-un Soldats, fut prifonniere de guerre.

D E Hulft, le Marquis de *Contades* vôla tout couvert de gloire au fiége d'Axel ; (*g*) fes premiers foins furent de faire fonder le Crick, qui étoit fort large mais peu profond en plufieurs endroits à marée baffe ; il fit enfuite pouffer, jufqu'au milieu de la largeur de cette riviere, une chauffée, à l'extrémité de laquelle on commença l'établiffement d'une batterie de canon. Tous ces travaux ne durerent qu'un jour, & l'ennemi s'appercevant bien, qu'il n'étoit point en état d'en arrêter le progrès, battit la chamade (*h*) & fit paffer un Officier dans un batteau pour obtenir des conditions avantageufes ; le Marquis de *Contades*, lui accorda, fans aucune difficulté, tous les honneurs de la guerre.

---

trainées de poudre & fe communiqua à des barils qui en étoient remplis, cent treize hommes en furent brulés, mais la plûpart revinrent de leurs bleffures. Pour remédier au défordre que cet accident mit dans les troupes, M. le Marquis de la *Tour Dupin* fe jetta avec le premier bataillon de fon régiment au milieu des flammes, & par cette action hardie & bien judicieufe, il prévint toute entreprife de la part de l'ennemi.

(*f*) C E fut le 11 Mai 1747.

(*g*) A X E L, petite mais très-forte ville des Pays-bas dans la Flandre Hollandoife. Le Prince Maurice d'Orange la prit en 1586, les Efpagnols la céderent aux Provinces unies en 1648, elle eft entre des marais, à cinq lieües de Gand, fix d'Anvers & une demie lieuë de Hulft.

(*h*) L E 17 Mai 1747.

PEU de jours après la réduction de la ville d'Axel , un parti François, compofé de deux cens hommes, rencontra près de Duffel un corps confidérable de Croates qu'il attaqua & qu'il obligea de fe retirer ; malgré la fupériorité du nombre des ennemis , les François ne perdirent que fix hommes en cette occafion. ( *i* )

(*i*) MONSIEUR de *Meric* , Brigadier des Armées du Roi y fut tué , il fut extrêmement regretté , parce qu'il avoit fait depuis quelques années plufieurs actions d'éclat qui lui avoient acquis une grande réputation.

BATAILLE de LAWFELT
gagneé sur les alliés
le 2. Juillet 1747

# CHAPITRE TROISIEME.

*Bataille de LAWFFELD.*

TANDIS que la Flandre Hollandoife plioit fous les efforts des François, le Duc de *Cumberland* pour occafionner une diverfion, avoit dirigé fa marche, avec toutes les forces de fes Alliés, du côté de la Ville d'Anvers, dans le deffein d'en former le fiége ; mais ce Prince, par les fages précautions du Maréchal de *Saxe*, à qui rien n'échappoit, fe vit bientôt obligé de renoncer à ce projet hardi, qu'un excès de confiance, fi dangereux à la guerre, avoit fait naître. Les difficultés qui fe multiplioient fans ceffe, & les effais infructueux qu'il venoit de hafarder, lui ouvrirent enfin les yeux & lui firent connoître, que pour une entreprife d'une auffi grande importance, fes forces ne répondoient point à l'ambition de fes vuës ; il prit donc le parti de tenter la victoire dans un champ moins fécond en obftacles ; il ne fut pas heureux dans le choix qu'il fit.

LES premiers pas de ce Prince, en fe retirant, fe tournerent vers les deux Nethes ; ce pofte lui parut avantageux ; il ne l'auroit point abandonné, fans doute, s'il eût pû le conferver.

DÈS que SA MAJESTÉ fut informée des nouveaux mouvemens du Duc de *Cumberland*, & de la pofition de l'armée des Alliés, elle partit fur le champ, pour aller fe mettre à la tête de fes troupes ; pleine de cette noble impatience qu'infpire l'amour des triomphes, elle les joignit bientôt.

LES premiers foins du Monarque furent, de prendre les dimenfions les plus convenables pour forcer l'ennemi à fortir des deux Nethes qu'il occupoit ; les moyens qu'il employa pour y parvenir opérerent un effet promt & heureux. ( *a* ) Le Duc de *Cum-*

---

( *a* ) LE 27 Juin 1747, M. le Marquis de *Vence* Brigadier d'Infanterie & Colonel | du régiment Royal Corfe, fe rendit maître de la Ville de Liere, & le même jour,

*berland* quitta cette retraite , & fe porta dans les environs de Haffelt. ( *b* )

CE déplacement fut d'un bon augure , le ROI qui venoit de l'apprendre , lifoit déja dans un avenir prochain , un de ces événemens fameux faits pour étonner la poftérité.

LE Maréchal de *Saxe* , dont la valeur & la fage expérience ont rendu tant de fervices aux Francois , inftruit de tous ces mouvemens , partit auffi-tôt pour Louvain , où SA MAJESTÉ s'étoit arrêtée , & prit avec elle les méfures néceffaires pour mettre tout , dans cet ordre heureux d'où dépendent les plus grands fuccès.

LE ROI qui marchoit à grands pas à la victoire la plus éclatante , décida , que l'armée partiroit fans équipages , à onze heures du foir , ( *c* ) fous les ordres du Comte d'*Eu* ; SA MAJESTÉ fit auffi dépêcher des Couriers à Tirlemont , Ofmael & S. Tron , pour qu'à leur arrivée , les troupes qui y étoient campées , marchaffent fans délai fur Tongres , ( *d* ) & ce Monarque ne garda près de lui que fa Maifon , les Carabiniers , le régiment des Dragons du Colonel Général , & la compagnie de Fifcher , pour l'efcorter lors de fon départ , qu'il fixa au lendemain.

LE Maréchal de *Saxe* , que les intérêts de fon maître animoient , dévança d'un jour le départ du ROI , pour travailler aux préparatifs qui devoient conduire à la glorieufe journée de Lawfteld ; il fe rendit à la Juftice de Tongreberg d'où il diftingua un camp des ennemis qui fe formoit , mais qui lui parût peu confidérable.

CETTE découverte redoubla les foins & l'attention de ce grand Général ; il prit de nouvelles mefures , donna de nouveaux

---

M. de *Beauffobre* entra dans Herenthals , avec fon régiment , il y fit 70 prifonniers & enleva quelques chariots ; ces deux Villes font fituées fur la Nethe ; Hérenthals fut bâti par Henry Duc de Brabant en 1212.

( *b* ) HASSELT , jolie petite Ville des Provinces unies dans l'Overiffel fur le Wecht.

( *c* ) LE 29 Juin 1747.

( *d* ) TONGRES , ancienne Ville des Pays-bas , dans l'Evêché de Liége , dans la Hafbaye : elle étoit autrefois très-confidérable & Capitale d'un grand Pays du temps de Jules Céfar. Les François la prirent en 1671 , & la démantelerent en 1673 ; elle eft fur le Jar , à 5 lieuës de Maeftricht.

ordre

ordres & fit informer Sa Majesté des démarches qu'il venoit de faire : le Roi les ayant approuvées s'empreffa d'arriver. Il y eût joint fon Général dès le même jour, fi des Couriers qui l'informerent que l'artillerie n'avoit point encore paffé la grande Gette ne l'euffent déterminé à fe repofer à Ofmael ; ce Prince y paffa la nuit.

Le lendemain, avant quatre heures du matin, Sa Majesté partit d'Ofmael pour fe rendre à Tongres ; auffitôt que ce Monarque y fut arrivé, fes premiers empreffemens le porterent fur le champ de bataille qu'avoit choifi le Maréchal de *Saxe*.

A Peine Sa Majesté eut-elle paru fur ce théâtre fameux, où l'éclat de fa gloire alloit encore prendre un nouveau luftre, qu'on crut voir naître autour d'elle une forêt de lauriers ; elle fe fentit agitée de ces tranfports belliqueux, qui font toujours les préfages certains d'une victoire complette; & pleine de l'ardeur qui l'entraînoit, elle courut fur les hauteurs d'Herderen, d'où elle examina, avec cette précieufe attention fi néceffaire dans les grandes entreprifes, l'ordre & la difpofition des deux armées.

Celle des ennemis avoit fa droite à la commanderie, longeant les hauteurs, &fon aîle gauche tiroit vers Maeftricht, occupant les villages en avant de cette pofition, dans lefquels elle étoit retranchée, & où elle avoit placé plufieurs batteries de canon.

L'Armée Françoife au contraire, rangée fur deux lignes d'infanterie & de cavalerie, avoit fa gauche en face de la commanderie, où étoit le quartier du Duc de *Cumberland*, & fa droite s'étendoit au-delà du village de Rimps & de la Maifon-blanche, laiffant le village en avant.

Le Roi, après avoir tout examiné, parut très-fatisfait de la fituation avantageufe, que les foins du Maréchal avoient procurés à fon armée, & l'engagea de ne rien négliger pour la mettre à l'abri des tentatives que pourroit faire l'ennemi pour la déplacer.

Les foupçons de Sa Majesté n'étoient pas fans fondement; dès le foir même, (*e*) les ennemis défefpérés d'avoir

(*e*) Le premier Juillet.

manqué les poftes que l'activité du Maréchal de *Saxe* avoit faifis
en prévenant leur arrivée , firent des efforts pour s'emparer du
village de Rymps ; ils canonnerent ce pofte pendant près d'une
heure , avec trente piéces de canon , mais ce fût fans fuccès.

Les troupes Françoifes fe tinrent en ordre de bataille la nuit
fuivante ; elle parut bien longue à ces braves guerriers qui
bruloient d'impatience de fignaler leur intrépidité : Sa Majesté
n'attendit pas le lever de l'aurore pour fe difpofer au combat ;
après avoir offert au Roi des Rois la pureté de fon cœur , elle
vola fur le champ de bataille : fa préfence verfant dans toutes
les ames l'allégreffe & la joye, infpira à tous les cœurs cette
confiance qui fuit par-tout les Héros, & cette noble ardeur qui
échauffe le courage à l'approche des dangers.

Sa Majesté, qui lifoit dans tous les yeux l'heureux effet que
fon exemple produifoit, après quelques vives & courtes exhortations, donna fes ordres ; l'armée fe mit en mouvement pour attaquer celle des Alliés, & l'action commença. ( *f* )

Les premiers efforts des François fe tournerent contre le village de Lawffeld ; ( *g* ) le Comte de *Clermont*, à la tête du
corps de troupes qui étoit à fes ordres & qui avoit été renforcé
de quelques brigades de cavalerie, s'avança vers ce village,
tandis que le Comte d'*Eftrées* marcha par le flanc gauche de l'ennemi.

Les troupes Angloifes, Hanovriennes, Heffoifes, & quelques régimens Hollandois s'oppoferent avec beaucoup de valeur
aux tentatives du Comte de *Clermont* ; les décharges réitérées
que fit la groffe artillerie des ennemis, tant à boulets qu'à car-
touche, donnerent le fpectacle le plus terrible ; mais, malgré la
vivacité de ce feu, malgré le double retranchement qui foutenoit Lawffeld, & l'efcarpement des parapets qu'il fallut efca-
lader, les différentes colonnes, commandées par le Comte de
*Clermont*, animées par l'exemple de leur Général, s'avancerent
en bon ordre & pénétrerent jufques dans les premiers vergers de

______

( *f* ) Le deux Juillet, dix heures du     ( *g* ) Ce village eft à une lieuë de Maf-
matin.     tricht.

ce village : on fe battit long-temps avec une égale fureur & fans
que dans l'un & l'autre parti on vît aucun corps plier, ni la
moindre apparence de crainte & de frayeur ; un foldat tué, étoit
auffi-tôt remplacé par un autre, & quelque péril qu'il y eût dans
les premiers rangs, chacun fe preffoit d'y occuper une place ; on
n'avoit point encore vû de combat fi furieux ni fi fanglant ; les
ennemis, irrités de trouver une fi longue réfiftance, encouragés
par les généreux reproches de leurs Officiers, & recevant à chaque
inftant de nouveaux fecours, s'abandonnerent d'une maniere fi
déterminée à travers nos bataillons, que les François furent
contraints de céder au nombre.

C E premier échec, ne rallentit point le courage de ces braves foldats ; confultant plutôt leur valeur que leur force, ils
tenterent de nouveau d'enfoncer l'ennemi ; rien ne put arrêter
leur guerriere audace ; les obftacles les plus affreux eurent beau
leur préfenter la mort de toutes parts, ces images quelques ef-
frayantes qu'elles fuffent, ne purent les faire trembler ; ils s'enfoncerent à travers l'horreur dans les efcadrons les plus épais ; ils
auroient, fans doute, dès cette feconde attaque, renverfé ces
revêtemens qui faifoient une citadelle de chaque verger du village de Lawffeld & fe feroient, malgré les efforts des troupes
qui les défendoient, emparés du village même, fi la pluie prefque continuelle qu'il fit & qui rendit le terrein impraticable,
n'eût auffi rendu leurs tentatives infructueufes.

L E s coups qui fuivirent les derniers que les François venoient de porter, ne furent point encore décififs ; cette attaque coûta à la France un Héros bien digne d'être regretté :
le Comte de *Baviere*, qui y commandoit une brigade de cavalerie, y périt.

L E R o i, toujours attentif à ce qui fe paffoit, & jugeant
bien que le gain de la bataille dépendoit de la prife du village
de Lawffeld, y fit marcher fur le champ de nouvelles troupes,
dont les Officiers, qui les commandoient, étoient autant de
Héros ; ce nouveau fecours produifit l'effet qu'en avoit attendu

le Monarque : le combat s’engagea avec plus de chaleur qu’au-paravant ; tout fe mêle , des ruiffeaux de fang coulent de tou-tes parts ; les François foutenus par la préfence de leur Roi , ani-més par les prodiges de valeur que font à leurs yeux leurs braves Généraux , preffent & enfoncent tout ce qui leur eft oppofé ; déja l’ennemi fourd à la voix de fes Cfficiers fe débande , aban-donne Lawfield aux vainqueurs , & fuit jufqu’aux dernieres Hayes.

D È s que le Maréchal de *Saxe* , qu’on voyoit prefque en même-temps en différens endroits & dans tous les lieux où le péril étoit le plus grand , fe fut apperçu du défordre qui re-gnoit dans la colonne ennemie , ce Général prit les premiers Efcadrons qui fe préfenterent , & s’étant mis à leur tête , il les conduifit en fourageurs fur l’ennemi ; il y jetta une telle confu-fion , qu’il culbuta la cavalerie jufques fur l’infanterie.

L E Général *Ligonnier* , le défefpoir dans le cœur , tenta plufieurs fois de s’oppofer à la fureur des coups qui l’acca-bloient ; mais , quelques efforts qu’il fit , il trouvoit par-tout , ou le R o i des François , ou fes Généraux qui lui préfentoient un front redoutable , contre lequel toute fa réfiftance vint échoüer.

L E Comte d’*Eftrées* , qui avoit pouffé fur un des flancs du Général *Ligonnier* deux Efcadrons de Carabiniers , fe porta à la brigade d’Anjou pour charger par l’autre flanc ; il tomba avec un acharnement fi violent , fur des Efcadrons Heffois , qu’il les mit dans l’impoffibilité de fe rallier.

P E N D A N T ces glorieufes opérations , le Marquis d’*Armen-tieres* qui s’étoit apperçu que la cavalerie Angloife cherchoit à joindre la Heffoife , marcha droit à elle & en fit un carnage horrible ; le régiment du Duc de *Cumberland* & fes Dragons gris , refterent prefque tous fur la place : le Général *Ligonnier* en tachant de s’échapper , tomba dans les deux Efcadrons de Carabiniers , qui étoient fur un de fes flancs , & fut fait pri-fonnier.

L E R o i , qui voyoit le défordre & l’horreur regner enfemble
dans

dans l'aîle gauche des ennemis, qui cherchoient leur salut dans fuite, chargea le Comte de *Clermont* de les pourfuivre le plus loin qu'il pourroit; ce Prince exécuta les ordres de fon Roi, avec une valeur êxtrême, & le foldat effrayé fit bien voir que dans une déroute, il ne craint que l'ennemi & la mort.

TANDIS que toutes ces chofes fe paffoient; le ROI fit atta-quer l'aîle droite de l'ennemi, qui étoit compofée des troupes de la Reine de Hongrie, qui jufques-là n'avoient prifes aucune part à l'action.

LE Maréchal de *Saxe*, à la tête des brigades d'infanterie que commandoit le Marquis de *Sennefterre*, & qui n'avoient point encore donnés, porta les premiers coups; les foldats, encoura-gés par l'exemple de ce grand Général, fuivirent avec intrépi-dité le chemin qu'il leur avoit ouvert, & répandirent par-toût la terreur & l'effroi : l'ennemi ne tint pas long-temps contre ces gé-néreux guerriers, convaincu qu'il ne pouvoit oppofer qu'une vaine réfiftance aux efforts meurtriers d'un Héros couronné, il réfolût de prévenir, par une retraite précipitée, les fuites fa-cheufes d'un plus long combat.

LE Comte de *Clermont Tonnerre* & le Marquis de *Gallerande*, pourfuivirent les ennemis affez loin & firent un carnage affreux de tout ce qu'ils atteignirent; la vivacité de leurs pourfuites ne fe feroit pas bornée-là, fi les forces de l'infanterie qu'ils condui-foient euffent répondû à l'ardeur de ces Généraux; mais le fol-dat épuifé de fatigues, les obligea d'abandonner l'ennemi.

CETTE grande journée finie, toutes les troupes coucherent dans la pofition où la nuit les trouva; la plus grande partie la paf-fa entre Montpertin & le village de Heeff; le refte fe tint entre Lawffeld & Kiftel.

LE ROI, couvert de la nouvelle gloire qu'il venoit d'ac-quérir, fe rendit avec le Maréchal de *Saxe* à la Commande-rie, où le Duc de *Cumberland* avoit eû fon quartier, & ils y pafferent la nuit. *

---

* CETTE bataille fe donna le 2 Juillet | fix mille hommes tant tués que bleffés, & 1747. La perte des François fut évaluée à | celle des ennemis à dix mille ; on leur fit

douze cens prifonniers dans le village de Lawffeld & plus de neuf cens dans la pourfuite , du nombre defquels furent , le Général *Ligonnier* , Milord *Robert Sewton* & le fils du Milord *d'Albermale* : on leur prit auffi vingt-neuf piéces de canon , deux paires de Timbales , neuf Drapeaux & fept Etendarts ; les troupes Françoifes fe couvrirent de gloire , on peut même à jufte titre appeller l'attaque du village de Lawffeld qui dura plus de deux heures , le triomphe de l'Infanterie Françoife , qui y donna des marques d'une valeur incroyable & digne des plus grands éloges ; mais ce qu'on n'oubliera jamais , c'eft que le Roi , M. le Maréchal de *Saxe* & M. le Comte de Clermont furent long-temps au milieu du feu le plus vif.

L e s François perdirent fur le champ de bataille , M. le Comte de *Baviere* , Lieutenant Général , M M. Marquis & de *Derlack* Brigadiers , & M M. d'*Autichamp* & d'*Aubeterre* ; M. le Marquis de *Froulay* Maréchal de camp , & M. de *Dillon* Colonel , moururent quelques jours après de leurs bleffures.

Messieurs , le Comte de *Lautrec* Lieutenant Général , de *Guerchy* & de *Crequy* , Maréchaux de camp , de *Balleroi* , le Chevalier de *Dreux* , de la *Tour Dupin* , le Chevalier de la *Marck* , de *Cernay* , de la *Valette* & de *Bellefond* Brigadiers , & de *Bonnac* , de *Segur* , de *Fénélon* & de *Rochambault* , Colonels , furent bleffés à cette bataille.

SIEGE DE BERG-OP-ZOOM
emporté d'assaut le 16. Septemb.
1747.

# CHAPITRE QUATRIEME.

### Siége de BERGOPZOOM.

LEs derniers avantages, que les François venoient de remporter, les conduisirent à des succès encore plus glorieux ; la victoire, peu contente de les avoir couronnés dans le champ de Lawffeld, leur prépara de nouveaux lauriers sur les remparts de Bergopzoom. ( a )

LE Comte de *Lowendal* fut chargé du siége de cette importante place ; accoutumé à passer de conquête en conquête, & plein de cette noble confiance que donne un courage inébranlable, il ne craignit point d'attaquer des murs qui avoient résisté tant de fois aux horreurs de la guerre.

CE Héros, à la tête de vingt-deux bataillons, de dix escadrons de Dragons & des Kermelecks, porta ses pas vers les Tours redoutables de Bergopzoom, & parut bien-tôt devant elles, avec cette fiere audace qui fit si souvent trembler l'ennemi. ( b )

LE Comte de *Lowendal*, persuadé, par la longue expérience qu'il avoit faite, que le succès des armes dépendoit presqu'autant de l'exécution & de la valeur du soldat, que de la prudence & de l'intrépidité du Général, n'oublia rien de cette douce familiarité, qui donnant du courage même aux plus timides, sçait faire passer dans les cœurs les moins susceptibles de gloire, tous les sentimens d'un conquérant : les exhortations qu'il fit, le feu qui brilloit dans ses yeux, la connoissance qu'on

( a ) BERGOPZOOM, ville des Pays-bas dans le Brabant Hollandois, dans le Marquisat de même nom ; elle est petite, mais très-jolie, & l'une des plus fortes places des Pays-bas, tant à cause de ses fortifications, qu'à cause des marais qui l'environnent. Le Prince de Parme l'assiégea inutilement en 1581, & le Marquis de Spinola fut obligé d'en lever le siége en 1622, après une perte de plus de dix mille hommes ; elle est sur un canal proche l'Escaut, à six lieuës & demie d'Anvers, & huit & demie de Breda.

( b ) INVESTISSEMENT de Bergopzoom, le 12 Juillet 1747.

avoit de fa valeur & de fa capacité, firent la plus vive impreffion fur tous les foldats, & il n'y en eût pas un qui ne protef-
tât hautement d'exécuter au dépens de fa vie, les ordres qu'il
recevroit.

CETTE généreufe ardeur ne tarda pas long-temps à éclater;
le Comte de *Lowendal* en donna bien-tôt l'occafion ; ayant appuyé fa droite à l'Efcaut, & fa gauche à la Zoom, il fit ouvrir
la tranchée devant la place. ( *c* )

DE toutes les fortes d'attaques, que l'art militaire & la
fcience funefte de la guerre avoient inventés pour prendre des
villes, on va voir que le Comte de *Lowendal* n'en omit aucune ; tranchées, redoutes, cavaliers, fappes, mines, efcalades,
batteries multipliées & placées en différens endroits, affaults re-
nouvellés tous les jours ; tout fut mis en ufage ; jamais fiége ne
fut plus difficile & mieux conduit.

LA tranchée ouverte, les affiégeans firent des efforts fi ex-
traordinaires, que dès les premiers jours ils pouflerent leurs travaux jufqu'à quatre-vingt toifes du chemin couvert ; encoura-
gés par ce progrès rapide d'opérations, ils s'abandonnerent,
avec une réfolution fi déterminée, au milieu des plus grands
dangers, qu'ils mirent en fort peu de temps cinquante piéces
de canon & vingt-quatre mortiers en état de porter le tonnerre
fur l'ennemi.

LE feu qui partit de ces bouches meurtrieres, fut vif &
continuel ; les affiegés devinrent plus furieux ; ils tenterent en
vain d'en rallentir l'impétuofité : le Comte de *Lowendal*, élevé
pour ainfi dire dans les horreurs de la guerre, & accoutumé aux
périls, regarda d'un œil fier & tranquille les efforts qu'on op-
pofoit à fa vaillance, & les rendit bien-tôt inutils.

MALGRÉ le feu violent des ennemis, malgré la chaleur exceffive qu'il faifoit alors, les travaux n'en avancerent pas avec moins
de rapidité ; la perfection d'une troifiéme parallele avec fes communications, & la conftruction d'une nouvelle batterie à huit

_____________

(*c*) OUVERTURE de la tranchée la nuit du 14 au 15 Juillet.

embrafures,

embrafures , pour battre le port & les ouvrages de la droite , ne couterent qu'un jour.

LES opérations du fiége en étoient là , lorfque le Duc de *Chevreufe* , après avoir paffé la Zoom avec deux brigades d'infanterie & une de dragons , vint camper devant le fort Rowers.

LE Comte de *Lowendal* , toujours attentif à tous les mouvemens , ordonna l'attaque de ce fort ; ( *d* ) il fit ouvrir deux boyaux qu'on joignit par une parallele , & fit conftruire en même-temps une batterie de huit piéces de canon fur la droite , & une de quatre fur la gauche.

CETTE nouvelle entreprife peignit à l'ennemi le carnage & la mort avec toutes leurs horreurs ; ces images cependant , loin de diminuer fon courage en augmenterent au contraire l'intrépidité , il oppofa aux efforts des affiégeans un feu épouvantable , mais fa violence , quelque grande qu'elle fût , ne pût rien contre des Héros qui , fe preffant à l'envie d'occuper les poftes les plus périlleux , la bravoient avec autant de fierté que s'ils euffent été invulnérables.

LES échecs journaliers que reçurent les affiégés , exciterent de plus en plus l'ardeur des François ; ils prolongerent , avec la plus grande activité , les zigzags de l'attaque de la Place fur les capitales du baftion & de la demi-lune du centre , & pousserent les fappes jufqu'à quinze toifes des angles faillans : le Comte de *Lowendal* fit enfuite commencer , aux extrémités des zigzags qui partoient de la troifiéme parallele , plufieurs boyaux deftinés à en former une quatriéme.

TOUS ces travaux fe conduifirent heureufement , mais malgré le grand nombre d'obftacles qu'on rompoit tous les jours , il en naiffoit fans ceffe de nouveaux à furmonter ; cette multiplicité de difficultés ne rebuta point le courage des foldats , ils continuerent avec le-même empreffement les zigzags de la gauche dirigés fur les ouvrages conftruits fur la droite du camp retranché , & après qu'ils eurent établi une batterie de quatre piéces de canon,

( *d* ) LA tranchée fut ouverte devant le | 1747.
fort Rowers, la nuit du 24 au 25 Juillet |

au centre de la feconde parallele , pour battre ce camp à rico-
chet , ils attacherent le mineur fur les capitales des deux baftions de la demi-lune du front de l'attaque , enfuite , ils tirerent
des deux batteries établies contre le fort Rowers , tant contre
ce fort que fur le camp des ennemis , que le feu de notre artillerie avoit fait retirer vers l'Efcaut.

DE jour en jour , le fiége devint de plus en plus meurtrier ,
les François ne donnerent pas un inftant de relâche aux affiégés ; ils fe porterent , avec tant de fureur , par-tout où les ordres
& l'exemple de leur Général les entrainoient , qu'ils joignirent
en peu de temps les boyaux commencés de droite & de gauche
qui formerent une quatriéme parallele , fur laquelle on éleva trois
cavaliers de tranchée.

CETTE opération fut fuivie d'une autre également effentielle ; le Comte de *Lowendal* , fit faire du côté de la Mer , à l'extrémité des zigzags de la gauche , un boyau de quarante toifes
embraffant l'ouvrage qui couvroit la droite du camp retranché ,
& ordonna l'établiffement d'une batterie de fix mortiers dans le
boyau de la droite , vis-à-vis du baftion de l'attaque.

CES travaux achevés , les affiégeans fe porterent fur la droite
de la quatriéme parallele , ils y travaillerent à quatre traverfes
tournantes dans une partie qui étoit enfilée par le chemin couvert , & ils déboucherent de cette parallele à la tête des trois
fappes.

CE fuccès donna lieu à de nouvelles entreprifes , on travailla
fans perdre de temps à la conftruction de trois nouveaux cavaliers
de tranchée , l'un à droite de la fappe du centre , les deux autres
à droite & à gauche de la capitale de la lunette , qui étoit entre
le baftion gauche & la demi-lune.

CET ouvrage perfectionné , la droite ne fe trouva éloignée du
faillant du chemin couvert que de douze toifes , le centre de
neuf , & la gauche de quatre.

TEL étoit le progrès des travaux , lorfque les mineurs firent
informer le Comte de *Lowendal* qu'ils entendoient travailler au-
deffous d'eux ; ce grand Capitaine , que la difficulté des circonf-

tances ne trouva jamais fans reffources, prit les mefures que méritoit cette nouvelle découverte, il fit jouer une mine fous la capitale du baftion gauche dont on couronna dans le même inftant l'entonnoir ; le fuccès en fut heureux.

QUELQUES efforts conduifirent encore à de plus grands avantages ; M. de *Lowendal*, ayant reconnu le progrès des mines & des ouvrages de la tranchée, jugea qu'il étoit temps de déloger les ennemis du chemin couvert, il donna des ordres pour cette entreprife ; dix compagnies de Grenadiers, précédées de huit mineurs & d'un pareil nombre d'ouvriers, arracherent les fauciffons des mines, avec cette intrépidité qui ne connoît aucun danger & fe logerent fur les cinq faillans. ( *e* )

CETTE expédition, quelque hardie qu'elle fût, coûta peu aux François ; trois mines que les ennemis firent fauter enfuite ne firent aucun mal.

CET enchaînement d'heureux & prompts fuccès, en rendant de jour en jour les affiégeans plus entreprenans, les rendoit auffi de plus en plus redoutables, rien ne tenoit contre leurs efforts ; déja, malgré le feu terrible des affiégés, les François s'étoient logés dans la place d'armes du faillant au baftion gauche & avoient établi une batterie de mortiers à la gauche de la quatriéme parallele & une autre à la droite de la troifiéme, lorfqu'ils firent jouer une mine, à la droite du faillant gauche, qui entama la gallerie majeure des ennemis & qui leur caufa une perte confidérable.

LES affiégés répondirent par deux mines qu'ils firent fauter, entre le faillant du baftion gauche & la lunette gauche ; ils y joignirent le feu de toute leur artillerie & firent en mêmetemps une fortie de quatre cens hommes ( *f* ) qui débaucherent par les paliffades à la gauche du front de l'attaque : l'ennemi éprouva bien-tôt, qu'on ne fit jamais de mouvemens fans péril, devant un Général auffi habile que l'étoit le Comte de *Lowendal* ; ce Héros fit marcher la premiere compagnie de fon régiment, &

( *e* ) CE fut pendant la nuit du 5 au 6 Août 1747.   ( *f* ) La nuit du 7 au 8 Août 1747.

une de celui de Chabrillant, la bayonnette au bout du fufil, qui culbuterent & pourfuivirent avec violence, jufqu'au réduit de la gauche, tout ce qui s'oppofa à leur fureur.

LES ennemis irrités du peu de fuccès de cette fortie, en hazarderent une autre, avec un détachement confidérable ; cette effai de générofité ne leur réuffit pas mieux : le détachement qui s'étoit avancé fi fierement fe vît bien-tôt obligé de fe fouftraire à la vivacité du feu des François.

DE ces triomphes multipliés, le Comte de *Lowendal* paffa à de nouvelles entreprifes ; on fe logea par fes ordres dans la place d'armes, le mineur y fut attaché fur le champ & les bombes qu'on envoya aux ennemis firent fauter un magafin à poudre dans le baftion Pucelle. ( *g* )

LES affiégés éprouvant chaque jour de nouvelles pertes, faifoient fucceffivement de nouvelles tentatives pour s'en venger; pleins de cette animofité qui fe rencontre entre des troupes étrangeres qui veulent s'emparer d'un Pays & des Habitans qui défendent leurs maifons, leurs terres, leurs femmes & leurs enfans, motifs bien puiffans pour encourager les Peuples mêmes les moins guerriers, ils firent fauter une mine, fous le logement des François, qui leur enleva quelques grenadiers ; peu de temps après, ils en firent fauter une autre, fur la droite du faillant de la demi-lune, & pousserent leurs efforts contre le logement qui venoit d'être établi ; fi l'attaque fut vive & preffante, la défenfe fut encore plus courageufe ; les affiégés furent obligés de reculer, on fe logea dans les entonnoirs des dernieres mines que les ennemis avoient fait fauter la veille ; la communication au couronnement de la droite fut perfectionnée & l'entrée des logemens de la gauche fut réparée ainfi que le dérangement que le feu des affiégés avoit fait à la tête des fappes.

CES réparations mirent les affiégeans à portée de conftruire, à la gauche de la quatriéme parallele une batterie de fix obus & une autre de cinq mortiers à la droite ; cet ouvrage fut auffi

______

( *g* ) CE fut le 8 Août cinq heures du matin.

heureufement

heureufement exécuté que ceux qui l'avoient précédé ; les bom,
bes mirent le feu à deux magafins des ennemis , l'un rempli de
grenades & l'autre de poudre ; cet accident ne diminua rien du fol
efpoir de vaincre , dont les affiégés s'enivroient tous les jours ,
malgré les échecs qu'ils recevoient continuellement ; le village
de Vooult dont les affiégeans s'étoient emparés, comme d'un
pofte très-avantageux, & qu'ils avoient retranché avec beaucoup
de foins , parût mériter l'attention des ennemis , qui réfolurent
auffi-tôt de l'attaquer ; (*h*) l'entreprife ne fut pas heureufe , elle
leur coûta bien du monde , ce fut le cruel avantage qu'ils en
tirerent.

CE malheureux évenement ayant totalement détruit le projet
que les affiégés avoient formé , d'engager après l'enlevement de
ce pofte , une affaire générale , ils fe retirerent.

TANT de travaux perfectionnés , tant d'avantages remportés , tant d'obftacles furmontés ne furent l'ouvrage que d'un
mois ; les fatigues que les François avoient effuyées pendant ce
temps , les dangers paffés, ceux qu'ils couroient encore , & qui
naiffoient tous les jours , loin de rallentir leur zele & leur courage , les rendirent au contraire plus déterminés.

LE Comte de *Lowendal* , autour duquel l'horreur & la mort
voloient de toutes parts fans l'étonner , fe porta , avec fon intrépidité ordinaire , à la tranchée pour voir l'effet de plufieurs mines
qu'on venoit de faire fauter.

CE grand Capitaine , inébranlable au milieu du feu , ayant
tout examiné avec des yeux tranquilles & affurés , ordonna fur
le champ à foixante volontaires de déboucher avec quatre mineurs & fix ouvriers & de monter à l'ouvrage ; l'expérience la
plus confommée dicta les ordres qu'il donna ; le fuccès qui les
fuivit fera un monument éternel de la prudence de ce Général.

LES affiégeans gagnoient tous les jours du terrein ; les volontaires étoient même déja defcendus dans le foffé de la demi-lune,
pénétroient dans la gallerie majeure , fouilloient les mines ,
tuoient les mineurs , arrachoient les fauciffons, brifoient les por-

(*h*) LE 10 Août 1747.

tes & touchoient le pied du réduit, lorſque les bombes qui ſécon-
doient ces généreux efforts, mirent le feu (*i*) à un magaſin de
grenades que les ennemis avoient dans le baſtion gauche ; deux
mines que les François firent auſſi ſauter, l'une ſur la contreſcarpe de la demi-lune, l'autre ſur le terre-plein de la lunette, accé-
lérerent encore la vivacité des travaux.

CE S opérations furent ſuivies d'une autre qui ne fut pas moins
heureuſe ; le logement de la face gauche de cette lunette, & celui de la contreſcarpe de la demi-lune furent prolongés, & l'on
commença l'établiſſement des batteries deſtinées à battre en
brêche.

LE S mines que les aſſiégeans avoient fait jouer, ayant ren-
verſé environ ſept toiſes de la contreſcarpe, vis-à-vis de la face
gauche de la demi-lune, on travailla ſans perdre de temps à une
communication, qui, partant de la quatriéme parallele, s'étendoit juſqu'au couronnement du chemin couvert de la face droite
de la lunette droite, & le logement de la contreſcarpe de la ſap-
pe du baſtion droit, fut pouſſé juſqu'à la traverſe de cette
lunette.

TA N D I S que les François travailloient avec cette ardeur incroyable, que ni la grandeur du péril, ni les difficultés qu'ils
rencontroient ne pouvoient arrêter ; le Comte de *Lowendal*, toujours attentifs à profiter de ces momens heureux qui décident ordinairement des plus grands ſuccès, fit jouer trois mines en même-temps, l'une, à l'extrémité de la face gauche de la lunette
droite, l'autre, ſur le réduit de la lunette gauche & la troiſiéme
ſur le prolongement de la face gauche de la demi-lune ; cette derniere détruiſit entiérement ce qui reſtoit de la contreſcarpe dans
cette partie.

IL n'en fallut pas d'avantage, pour déterminer les aſſiégeans
à commencer la deſcente du foſſé, à l'angle rentrant, entre la
demi-lune & la lunette gauche ; cette opération fut preſqu'auſſi-
tôt exécutée qu'entrepriſe.

S I les ſuccès des François ſe multiplioient tous les jours, les

(*i*) PENDANT la nuit du 25 au 26 | Août 1747.

horreurs de la guerre croiſſoient à proportion ; les aſſiégeans, à travers les ruines que cauſoit l'artillerie des ennemis, faiſoient les plus grands efforts pour ſe maintenir & pratiquer des loge‑mens dans les poſtes dont ils s'étoient rendus maîtres ; les aſſié‑gés, de leur côté employoient toutes leurs forces pour les empê‑cher de s'y établir : les batteries des uns répondoient à celles des autres, par un feu ſi terrible & ſi continuel, que Bergopzoom & ſes environs paroiſſoient un Volcan & un autre Mont‑Etna.

MALGRÉ ce tonnerre épouvantable, le Comte de *Lowendal*, à la tête des Héros qui voloient à la gloire ſur ſes traces, ſe pré‑cipitoit avec un courage ſi déterminé par‑tout où ſa préſence étoit néceſſaire, que pendant tout le ſiége, les aſſiégés n'eurent pas une ſeule fois la ſatisfaction de remporter le moindre avanta‑ge, ils furent conſtamment malheureux.

DÉJA, les mineurs François avoient percé la gallerie dans la partie de la droite & en avoient chaſſé ceux des ennemis, quand les aſſiégés s'apperçurent que l'on débouchoit de la parallele de l'extrémité de la face gauche par un boyau de vingt‑ſept toiſes qui fermoit entiérement la droite du camp retranché ; ils firent encore de nouveaux eſſais de valeur, qui vinrent échouer comme les autres contre la vaillance des troupes Françoiſes.

PENDANT que le Comte de *Lowendal* portoit par‑tout la terreur & l'effroi, le Chevalier de *Courten*, à la tête de la bri‑gade de la Cour au Chantre, de deux bataillons de Grenadiers Royaux & de deux brigades de cavalerie, vint joindre ce Géné‑ral devant les murs de Bergopzoom.

CES troupes, plus conſidérables encore par le choix & la valeur des ſoldats que par leur nombre, ne tarderent pas long‑temps à ſe ſignaler, elles augmenterent le trouble des aſſiégés & ne contribuerent pas peu à leur défaite.

CINQ mines, que le Comte de *Lowendal* avoit fait pratiquer ſur la contreſcarpe de la face droite du baſtion droit, renver‑ſerent toute cette contreſcarpe, & aſſurerent par‑là l'établiſſe‑ment de toutes les batteries de brêche.

Qq ij

CE nouvel avantage rendit les alliégés plus furieux ; le courage croît fouvent par la certitude de ne point échapper à fes
ennemis , & la vuë d'un péril inévitable en fait quelquefois perdre
la crainte.

LA garnifon fit pleuvoir une grêle de bombes & de grenades
fur les alliégeans ; ce feu violent & meurtrier , ne les empêcha pas
de faire fur la brêche de l'angle de la lunette droite un logement ,
un peu en avant du premier avec une banquette , pour chaffer
totalement du terre-plein , l'ennemi qui vouloit encore s'y maintenir : tous les obftacles qu'on effaya d'apporter aux travaux des
François devinrent impuiffans ; ils reparerent en fort peu de temps
les débouchés & les communications.

A peine ce dernier ouvrage fut-il fini , que deux batteries de
huit morticrs , placées dans la cinquiéme parallele , commencerent à battre la demi-lune ; elles furent fécondées par cinq autres de brêche qui ne cefferent point , dès ce moment, de tirer
contre la place.

LE Comte de *Lowendal* étoit fi jufte dans fes vuës & fi bien
fervi , pour l'exécution de fes ordres , que tout réuffifoit au gré
de fes défirs ; les defcentes des foffés fe continuoient heureufement
& tout annonçoit une victoire prochaine.

MALGRÉ l'horreur & le tumulte que les François portoient
par-tout, l'ennemi n'en fût point découragé ; toujours repouffé
il revenoit fans ceffe à la charge, rien ne rebutoit fa valeur ; tout
furieux encore du dernier échec qu'il venoit d'effuyer, il attaqua
l'entonnoir du baftion droit ; cette attaque tourna comme toutes
les autres à la gloire des alliégeans.

UNE heureufe découverte fuivit de près ce dernier triomphe ;
les mineurs, qui avoient été attachés à la lunette droite, ayant
trouvés une gallerie & l'ayant percée , couperent le fauciffon
d'une mine toute prête à jouer & fe trouverent en état, fans rien
craindre pour la batterie de la droite, de pouffer plus loin leurs
travaux fous le réduit.

BIENTOT , le mur fut ouvert dans tous les endroits où
l'on

l'on battoit en brêche , & la batterie de la droite , fut mife à couvert du feu qui partoit des ouvrages collatéraux ; cette batterie continua toujours de tirer avec beaucoup de fuccès , les brêches s'aggrandirent & devinrent praticables.

LES affiégés , en perdant l'efpérance de vaincre , ne perdoient rien de leur intrépidité ; ils démafquerent de nouvelles batteries , dans les ouvrages collatéraux de la gauche , qui , fans rallentir le feu des affiégeans , ne laifferent pas de les incommoder beaucoup : une tentative que fit l'ennemi contre la gauche & le centre , ne lui procura rien d'avantageux : deux mines qu'ils firent fauter quelques heures après , l'une à la droite , l'autre fous le réduit , ne retarderent point leur défaite : les François fe logerent dans l'entonnoir de la premiere , la feconde , combla la moitié du réduit & les affiégés perdirent dès-lors toute efpérance de pouvoir y revenir : les François firent enfuite un logement dans ce réduit, pour plonger dans le foffé , & travaillerent en même-temps à écréter toutes les brêches , & à perfectionner les débouchés , par lefquels on pourroit y arriver.

TOUTES ces difpofitions , conduifirent à ce jour fameux , qui alloit couronner l'entreprife la plus difficile qu'on ait jamais tenté : quatorze compagnies de Grenadiers , treize bataillons , cent volontaires & neuf cens travailleurs , attendoient dès la veille , au dépôt de la tranchée , l'aurore du jour le plus glorieux qui ait jufqu'alors éclairé conquérant.

LES premiers bataillons des régimens de Normandie , de Montboifflier , d'Eu , de Montmorin , des Vaiffeaux & de Beauvoifis , & fix compagnies de Grenadiers auxiliaires , fous les ordres de M. de *Faucon* brigadier & de M. de Sainte *Afrique* , Lieutenant colonel , furent choifis pour l'attaque du baftion droit. M. de *Tondu* , brigadier & M. de *Piath* , Lieutenant colonel , à la tête des premiers bataillons des régimens , Royal de Touraine , de Cuftine , de Limofin , d'Orléans & de Rochefort , & de fix compagnies de Grenadiers auxiliaires furent chargés d'attaquer le baftion de la gauche : l'attaque de la demi-lune fut confiée à M. de *Courbuiſſon*, brigadier, qui avoit à ſes ordres le premier bataillon du régiment Dauphin, avec quatre compagnies de Grenadiers & cent volontaires.

TOUTES ces troupes, qui furent commandées par le Comte de *Relingue*, Maréchal de camp, déboucherent au ſignal qui fut donné, par deux ſalves de tous les mortiers, & par de longues fuſées, & les trois attaques commencerent en même-temps. ( *k* )

LES ſoldats, guidés par un Héros à qui rien ne réſiſtoit, enfoncerent tout ce qui s'oppoſa à leur paſſage ; ils forcerent, avec un courage inexprimable, les retranchemens que les ennemis avoient faits dans les baſtions & ſur la demi-lune, & ſe mirent en bataille ſur chaque baſtion & ſur le rempart, à droite & à gauche : le carnage qu'ils firent, s'étendit indiſtinctement, ſur tous ceux qui défendoient la demi-lune ; aucun officier ni ſoldat n'échappa à la fureur des volontaires & des grenadiers, qui, s'étant emparés de la caponiere & de la communication, enleverent tout eſpoir de ſalut à l'ennemi en lui coupant toute retraite.

L'HORREUR & la mort, qui n'avoient pas ceſſés, depuis le commencement du ſiége, d'exercer un cruel empire ſur les aſſiégés, ſe multiplioient à chaque moment ; l'ennemi eut beau ſe roidir contre les dangers & rappeller toute ſa valeur, il ne pût empêcher les aſſiégeans de s'emparer des deux portes du côté d'Anvers & de Bréda : les François, maîtres de la ville, taillerent en piéces & diſperſerent tout ce qu'ils rencontrerent dans les ruës ; ceux qui ne voulurent pas rendre les armes, payerent cher leur témérité ; ils périrent tous ſous le glaive des vainqueurs.

CET exemple intimida le reſte de la garniſon, qui ſe rendit pour prévenir un pareil ſort ; M. de *Lugeac*, colonel du régiment de Beauvoiſis, força le Commandant du fort de Zeude à ſe rendre à diſcrétion, & le Marquis de *Cuſtine*, à la tête du corps de troupes qu'il commandoit, & qui avoit contenu pendant

_________

( *k* ) LE 16 Septembre quatre heures | & demie du matin.

l'attaque, les forts de Mormont, de Finfen & de Roowers, les foumit tous au pouvoir des François auffi-tôt que la ville fut prife.

Telle fut l'iffue d'un fiége à jamais mémorable, par la multiplicité des obftacles qu'il fallut furmonter ; Bergopzoom fubit la Loi rigoureufe impofée aux villes prifes d'affaut ; le pillage fut le dernier de fes malheurs. *

Aussi-tost que le Roi eut reçu la nouvelle de la conquête de Bergopzoom, Sa Majesté honora la valeur du Comte de *Lowendal* du bâton de Maréchal de France.

Le Maréchal de *Lowendal*, après avoir triomphé de toutes les forces de la nature & de l'art par la conquête d'une place devant laquelle avoient échoués le Prince de Parme & le Marquis de Spinola, ces Héros de leur fiécle, réduifit bien-tôt les forts Fréderick Henry & de l'Illo, ( *l* ) fous la domination de la France.

Ces places avoient été bloquées dès le commencement du fiége de Bergopzoom ; M. de *Lowendal* avoit eu la précaution d'en faifir toutes les avenuës & de barrer le paffage de l'Efcaut par une batterie de douze piéces de canon, qu'il avoit fait placer fur la digue, près le moulin de Doël : à ces foins fi dignes de ce grand Capitaine, M. de l'*Alli*, brigadier, joignit tout ce que l'expérience la plus confommée & le courage le plus intrépide

---

* Il fe fit pendant le fiége de Bergopzoom des prodiges de valeur de part & d'autre ; cette Place fut inveftie d'un feul côté, libre de celui de la Mer & défendue par un camp retranché commandé par le Prince de *Saxe Hildburgghaufen* qui pouvoit fans ceffe rafraichir la garnifon, ce fit acheter bien cher fa conquête : mais elle céda enfin à l'habilité du Général François qui après deux mois de travaux parvint à l'emporter d'affaut le 16 Septembre 1747. Cette journée coûta aux ennemis, tant tués que bleffés & faits prifonniers, cinq mille hommes, & les François perdirent quatre cens hommes tués ou bleffés. On trouva dans la Ville plus de deux cens bouches à feu & on s'empara de dix-fept Bâtimens qui étoient dans le Port chargés de toutes efpeces de provifions : les troupes ennemies qui campoient dans les lignes, les abandonnerent avec tant de précipitation, que la plûpart y laifferent leurs armes, leurs tentes & leurs bagages ; on trouva même dans le camp les équipages des Généraux & les caiffes militaires de différens régimens, ce qui rendit le butin des foldats très-confidérable.

( *l* ) Lillo, Fort des Pays-bas Hollandois, fur l'Efcaut, à trois lieuës d'Anvers ; les Habitans d'Anvers le bâtitent en 1584. Les Efpagnols furent obligés d'en lever le fiége en 1688.

pouvoient produire de plus heureux, il vint camper à Béren-trecht, à la tête de deux bataillons & de quatre cent volontaires, dix jours après la fameuse expédition de Bergopzoom; ses premieres démarches, avant d'ouvrir la scêne devant le fort Fréderick Henry, furent de sommer l'ennemi de se rendre; le Commandant de la place, qu'une confiance téméraire aveugloit, trouva des prétextes pour ne pas accepter cette proposition; son refus lui coûta la vie, on ouvrit la tranchée & il fut emporté dès le troisiéme coup de canon, ( *m* ) qui partit de la batterie qui étoit à la droite du fort Sluisken.

TANDIS que cette perte répandoit l'allarme parmi les assiégés, la batterie qu'on avoit placé sur la digue de Santvliet, ruinoit le fort Fréderick de fond en comble; les travaux de ce siége avancerent avec une rapidité si étonnante, que M. de l'*Alli*, après quatre jours de tranchée ouverte, força l'ennemi à capituler, ( *n* ) & qu'il se trouva en état de commencer l'attaque du fort de l'Illo; ( *o* ) cette place fut l'affaire de quelques jours, les assiégés l'abandonnerent ( *p* ) pour se retirer au fort la Croix, qui n'eut pas un sort plus heureux. ( *q* )

### Convoi attaqué par les Ennemis.

QUOIQU'UN grand cœur se suffise à lui-même, & qu'il n'ait pas besoin d'un feu étranger pour s'exciter aux belles actions, on peut dire cependant qu'une louange délicate, une confiance pleine d'estime, une récompense proportionnée au mérite, peuvent beaucoup sur lui; M. *Devaux* donna en cette occasion des preuves de ce fort ascendant qu'avoient pris sur son cœur les grades militaires dont LOUIS XV avoit honoré sa

---

( *m* ) PENDANT la nuit du 28 au 29 Septembre 1747.

( *n* ) LE fort Fréderick Henry se rendit le 2 Octobre 1747. La garnison composée de deux cent soixante hommes, fut faite prisonniere de guerre.

( *o* ) LA tranchée fut ouverte devant l'Illo le 2 Octobre.

( *p* ) PENDANT la nuit du 6 au 7 Octobre.

( *q* ) LE fort la Croix se rendit le 8 Octobre, & la garnison composée de sept cent hommes fut faite prisonniere de guerre.

valeur;

valeur ; il apprit à l'ennemi étonné ce que peut la prudence fé‑
couruë d'un petit nombre de braves foldats contre la valeur im‑
pétueufe & qui fe précipite lors-même qu'elle a pour elle le plus
grand nombre des combattans.

Monsieur *Devaux*, chargé de conduire de Bergopzoom
à Anvers un convoi confidérable, avec dix piéces de canon, fous
l'efcorte de la brigade de Montboiffier & des volontaires Bre‑
tons, dont la quantité prodigieufe de malades laiffoit à peine
trente foldats en état de fe défendre, ayant été attaqué dans la
bruyere, entre Offendrek & le village de Putte, par quinze
cens hommes des troupes légeres des ennemis, cavalerie & in‑
fanterie, rendit bientôt inutile la fupériorité qu'on avoit fur lui ;

Quatre cens Huffards vinrent fondre fur le centre du con‑
voi, où étoient foixante volontaires, tandis que les Croates at‑
taquerent l'arriere garde ; M. *Devaux* & M. de *Kermeleck* oppo‑
ferent une vigoureufe réfiftance à ces deux attaques ; ils firent
éprouver aux ennemis tout ce que peuvent des Héros qui ne crai‑
gnent aucuns dangers ; il en fuccomba une grande partie fous
leurs coups, mais M. de *Kermeleck* ne furvécut pas long-temps à
ceux que fon bras redoutable avoit immolés, fa perte rendit les
François encore plus furieux, ils ne tarderent pas à venger fa
mort ; le combat devint plus fanglant, & les ennemis furent re‑
pouffés fi vivement, qu'ils ne purent enlever qu'un feul chariot ;
ils feroient, fans doute, revenus plufieurs fois à la charge, fi M.
*Devaux* n'eût pas eû la fage précaution de faire avancer prompte‑
ment deux piéces de canon qui les empécherent de pouvoir rien
entreprendre ; M. *Durouget* qui fe trouva par hafard, fur le che‑
min de Santvliet avec cent chevaux des Graffins, fe porta fur ce
convoi & lui fut auffi d'un grand fecours : cette action fut la
derniere de la campagne. *

* C'étoit le 30 Octobre 1747. Les | François ne perdirent que douze hommes.

## CHAPITRE CINQUIEME.

*Siége de MAESTRICHT.*

LOUIS XV que la fortune n'abandonna jamais, parce que
fes armes étoient juftes & maître de prefque toute la Flandre
Hollandoife , nourriffoit toujours dans fon cœur ces fentimens de
paix qu'il avoit fait éclater dès le commencement de la guerre ;
il ne ceffoit de répéter avec cette voix douce & affable qui caractérife fa bonté , je ne veux rien pour moi , je ne demande la juftice que pour mes alliés ; je veux que le commerce des nations
foit libre , que chacun jouiffe des héritages de fes peres ; pour-
quoi me force t'on encore à faire la guerre ? le défordre & l'horreur ne regnent-ils pas avec affez d'empire par-tout où l'on a pro-
voqué mes armes ? que ne prévient-on tous les malheurs qui
vont fuivre ceux fous le poids defquels les ennemis de la France
gémiffent depuis fi long · temps ? quel avantage efperent-ils tirer
d'une plus longue réfiftance ? la valeur doit avoir fes bornes ; elle
ne mérite même juftement des louanges que lorfqu'on peut fe
flatter d'un heureux fuccès ; c'eft moins courage qu'une fureur
téméraire·de fe précipiter dans des périls dont on ne peut échapper ; il y a même de l'inhumanité d'y entraîner un peuple
innocent fous prétexte de le défendre : tant de murailles rafées ,
tant de tours abbatues , ces monceaux de cendres dont on eft environné ne publient-ils pas affez ma puiffance ; les Alliés ne fe laf-
feront-ils donc point d'en multiplier les effets : il eft encore tems
d'arrêter la foudre ; le même olivier que j'arborois fur le champ
de Fontenoy brille encore fur les baftions écrafés de Bergopzoom
& de l'Illo : j'offre aujourd'hui tout ce que je propofois dans mes
premiers triomphes.

TANT de générofité auroit dû , fans doute , éteindre ce défir
de vengeance qui confumoit l'ennemi , mais cet excès de vertu
étoit trop peu vraifemblable , il ne perfuada pas encore ; le vaincu

PLAN
des
ATTAQUES
de
MAESTRICHT
en 1748

auffi obftiné dans fa haine, que le vainqueur étoit conftant dans fa clémence, ne voulut point recevoir la Loi de celui feul qui pouvoit l'impofer, il chercha de nouveaux dangers, il en trouva d'inévitables.

LES bords de la Meufe furent les témoins des derniers malheurs de la République de Hollande ; ce fut fur les remparts de Maeftricht (*a*) que fe renouvellerent toutes les fureurs de la guerre, & que l'ennemi apprit enfin à refpecter les bontés du plus grand des Rois.

LE Maréchal Comte de *Saxe* entreprit le fiége de cette Place avec le Maréchal de *Lowendal* ; la vertu, le courage, la fermeté, la prévoyance de ces deux grands Hommes brillerent dans tout leur luftre pendant le cours de cette derniere expédition.

LES militaires verfés dans la tactique regarderent le projet de l'inveftiffement de Maeftricht & fon exécution à la vue d'une puiffante armée ennemie, comme une des plus fçavantes opérations dont il foit fait mention dans l'hiftoire ; ce projet, digne de fon Auteur, mérita à M. de *Crémille*, dont les rares talens pour la guerre étoient déja bien connûs, les éloges de toute l'armée, & le Miniftre l'appella auprès de lui pour lui donner des marques de fa fatisfaction. Le vainqueur de Bergopzoom, après différentes démarches qui cacherent le véritable deffein du Maréchal de *Saxe*, tomba tout d'un coup fur Maeftricht, & l'inveftit par la rive droite de la Meufe, tandis que les troupes qui étoient aux ordres du Maréchal de *Saxe*, l'inveftirent par la rive gauche de cette riviere. (*b*)

___

(*a*) MAESTRICHT, ancienne, grande, belle & très-forte Ville des Pays-bas, cédée par l'Efpagne aux Provinces unies, par le traité de Munfter. La Maifon de Ville & les autres Edifices publics font très-beaux. La Ville eft gouvernée conjointement par les Etats & par l'Evêché de Liége. Le Prince de Parme la prit en 1579, & la faccagea. Fréderic Henry Prince d'Orange la reprit fur les Efpagnols en 1634. Louis XIV la reprit en 13 jours en 1673. Guillaume III Prince d'Orange fut obligé d'en lever le fiége en 1676. Elle fut rendue aux Etats par le traité de Nimegue en 1678. Elle eft fur la Meufe qui la fépare de Wick, qui fait comme partie de Maeftricht, à cinq lieuës de Liége, vingt-deux de Bruxelles & foixante dix fept de Paris.

(*b*) CETTE Place fut entiérement inveftie le 13 Avril 1748, par 143 bataillons & 77 efcadrons ; les François avoient

CES premiers pas conduifirent bientôt à des efforts plus férieux ; tout étant difpofé pour l’ouverture de la tranchée, le Maréchal Général établit fon quartier à Hocht, & le Comte de *Lowendal* prit le fien à Opharen, & l’attaque commença. ( *c* )

DÈS la premiere nuit, les travaux furent pouffés à deux mille fix cent toifes ; les affiégés ne s’apperçurent du progrès de ces ouvrages que le lendemain qui fut l’époque de leurs premiers coups ; une fortie qu’ils hazarderent alors, jointe au mauvais temps & au feu continuel qu’ils firent, rallentit un peu l’activité des affiégeans ; mais la grandeur de leur courage les mit bientôt au-deffus de tous ces obftacles ; les batteries qui furent établies & qui commencerent dès ce moment à tirer fur la ville, féconderent leurs efforts avec tant d’impétuofité, que la confternation & la crainte fuccéderent à cette premiere audace qu’avoit fait paroître l’ennemi. ( *d* )

LE Maréchal de *Saxe*, ce Général étranger naturalifé par tant de victoires, auffi habile que Turenne & encore plus heureux, s’appercevant du défordre qui naiffoit à chaque inftant parmi les affiégés, prit les mefures néceffaires pour rendre inutiles toutes les tentatives que pourroit faire l’armée ennemie pour fecourir Maeftricht, il alla vifiter les bords de la Geule depuis fon embouchure jufqu’à fa fource, il reconnut le champ de bataille, où il fe propofoit de livrer le combat, fi fes ennemis fe déterminoient à l’attaquer, & fit travailler à vingt redoutes de fon invention, deftinées à couvrir le front du camp de la rive gauche de la Meufe.

DE jour en jour les affiégeans remportoient de nouveaux avantages ; ils parvinrent en très-peu de temps à couronner l’angle faillant du chemin couvert, à prolonger le débouché de la

encore outre cela un corps fur la Geule, un autre fur le Demer & un autre fur le Jar & la Meufe ; ces trois corps faifoient enfemble 149 efcadrons & 25 bataillons.

( *c* ) OUVERTURE de la tranchée aux deux attaques, la nuit du 15 au 16 Avril.

( *d* ) LE 26 Avril, M. de *Beauchamp*, Commandant du fecond bataillon de Lovvendal, fut bleffé d’un boulet de canon à l’épaule.

CET

troifiéme parallele & à combler une efpece d'avant-foffé qu'ils rencontrerent fur la gauche. ( *e* )

CET enchaînement heureux & rapide d'opérations conduifit à d'autres travaux, qui, malgré la difficulté de l'exécution ne couterent que peu de jours ; on joignit les trois paralleles afin d'en former une quatriéme, enfuite on continüa le couronnement du chemin couvert, tandis qu'on déboucha de la quatriéme parallele fur l'angle faillant de la flêche de la droite.

PENDANT que tous ces ouvrages fe perfectionnoient, les affiégés tenterent plufieurs fois, mais fans fruit, d'en arrêter les progrès ; ils furent repouffés autant de fois qu'ils fe préfenterent, & ils ne firent pas une fortie qui n'accélérât leur défaite.

LE Maréchal de *Saxe*, qui ne laiffa jamais échapper de ces momens précieux, qu'on ne retrouve pas toujours quand on les a perdus, vit naître celui qui alloit décider du fort de Maeftricht & le faifit avec ces fages précautions qui affurent les chofes les plus douteufes. Ce grand Général, ayant fait prolonger & perfectionner les logemens des deux faillans, & leur communication avec la quatriéme parallele, ordonna les difpofitions néceffaires pour l'attaque des deux baftions détachés, & fit tout préparer pour celle des deux ouvrages à corne.

CE dernier trait de prévoyance mit Maeftricht aux abois ; l'ennemi, accablé fous le poids des armes victorieufes du Maréchal général, demanda une fufpenfion d'armes de deux jours qui lui fut accordée : ( *f* ) ce délai lui donna le tems de faire de triftes réflexions fur le malheur où fa témérité l'avoit plongé ; les foldats tous tremblans fe communiquoient leur frayeur réciproque, & les Généraux, ne trouvant plus de reffources que dans

---

( *e* ) MONSIEUR le Marquis de *Biffy*, Lieutenant Général de tranchée, s'étant porté le 29 Avril fur les quatre heures après midi à la tête de la fappe, y eut une jambe fracaffée d'un éclat de bombe, dont il mourut peu de jours après ; les difpofitions que cet Officier général avoit faites avant fa bleffure, furent fuivies, & leur fuccès fit l'éloge des talens qu'il avoit pour la guerre.

( *f* ) LE 3 Mai 1748 après midi ; cette fufpenfion d'armes fut accordée avec d'autant plus de facilité, que M. le Maréchal de *Saxe* venoit d'être informé que les préliminaires de paix avoient été fignés le 30 Avril à Aix la Chapelle.

la clémence du vainqueur, arborerent le drapeau blanc (g) &
demanderent à capituler.

MAESTRICHT foumis au pouvoir de la France, les ennemis reconnurent enfin leur foibleffe ; il ne leur refta plus qu'à
demander cette même paix qu'ils avoient tant rejettée ; il fallut
hafarder cette démarche, & ils s'y réfolurent, fans doute, parce
qu'ils penferent que leur falut en dépendoit. Ils craignirent à la
vérité que LOUIS XV ne ceffât d'être fi facile, mais fon excès
de générofité raffura bien-tôt ces ennemis trop heureux ; ils
voulurent la paix, c'en fut affez ; leurs refus orgueilleux furent
oubliés, on la leur offrit encore aux mêmes conditions qu'on leur
avoit propofées dans leurs premiers défaftres ; & les trophées les
plus éclatans, les victoires les plus fignalées, ni les conquêtes les
plus brillantes, ne purent y occafionner le moindre change-
ment SA MAJESTÉ fit répondre aux ennemis de la France

(g) LE 6 Mai 1748, par la capitulation, fignée le lendemain, il fut convenu
que la garnifon fortiroit avec tous les honneurs de la guerre. Cette garnifon confiftoit
en 12 bataillons Autrichiens, fept Hollandois, quatre Bavarois & fix cent foixante
chevaux ; les troupes de la Reine de Hongrie furent conduites à Venlo, & celles
des Etats Généraux des Provinces Unies à
Bois-le-Duc ; il fut permis aux premieres
d'emmener avec elles huit piéces de campagne, & l'on accorda à M. le Baron
d'*Aylva*, qui commandoit dans la Place
deux mortiers & quatre piéces de canon,
dont deux de douze livres de balle & deux
de trois livres, avec des munitions pour
vingt-quatre coups par piéce :

LA ceffation des actes d'hoftilités fut publiée dans les deux armées le 11 Mai 1748,
& l'on envoya des Officiers Généraux de
part & d'autre à Mafeick pour y régler les
limites d'un terrein neutre qui fépara les
troupes refpectives, & dans lequel elles ne
purent point entrer : du côté des François,
M. *Dumefnil*, aujourd'hui Lieutenanr Général, fut choifi pour travailler à l'arran-
gement des limites.

LES Officiers Généraux qui commanderent la tranchée pendant ce fiége, furent, MM. le Marquis de la *Tour Maubourg*, le Comte de *Monteffon*, le Comte
de *Lautrec*, le Comte de *Courtomer*, le
Marquis d'*Armentieres*, le Comte de *Graville*, le Marquis de *Biffy*, le Duc de *Chevreufe*, le Marquis du *Chatelet* & le Marquis de *Senneéterre* Lieutenans Généraux,
le Comte de *Relingue*, de *Tanus*, le Marquis *Dailly*, le Comte de *Loigny Montmorency*, le Marquis de *Beaufremont*, le Comte
de *Fitz-James*, le Chevalier de *Nicolay*, le
Comte de *Saulx de Tavannes*, le Comte de
*Maillebois*, le Comte de *Rothe*, *Dumefnil*,
le Duc de *Fitz - James*, le Comte de *Lorges*, le Marquis de *Montmorin*, le Comte
de *Guerchy*, le Comte de *Montbarrey*, de
*Torcy*, le Duc d'*Havré*, le Marquis de la
*Sone*, le Marquis *Daffry* & le Comte de
*Tirconel* Maréchaux de camp, *Defprés*, le
Marquis de *Cuftine*, le Chevalier de *Dreux*,
de *Bergeick*, de *Lally*, le Comte de la
*Maffaye*, le Duc *Dantin*, *Tunderfeld*, de
*Grandvillars*, de *Cufaque* & de *Remond*,
Brigadiers.

qu'elle n'exigeoit rien pour elle, mais cependant qu'elle vouloit qu'on rendît juſtice à tous ſes Alliés : que pouvoit-on eſpérer de plus d'un vainqueur, contre la gloire duquel ſes ennemis s'étoient tant de fois irrités ? ils firent tout ce qu'ils purent pour lui inſpirer des ſentimens de vengeance ; ils n'oublierent rien pour accoutumer ſon cœur à cet eſprit de cruauté qui rend les hommes féroces ; mais ils ne purent réuſſir ; ni leur obſtination, ni leur acharnement à répandre le ſang des ſujets du Monarque de la France, ne purent altérer la bonté de ſon caractere ; les ennemis demanderent la paix, il la leur donna, il en ſigna les préliminaires ; ( *h* ) il prit plaiſir à élever de ſes mains triomphantes l'édifice de la félicité publique, il en hâta lui - même la perfection : déja le jour qui devoit couronner cet ouvrage heureux étoit à ſon aurore, il éclaira l'intention pure & ſincere des puiſſances belligérentes ou intéreſſées à la paix, il fut témoin de la vivacité de mille & mille tranſports de joye produits par cette précieuſe métamorphoſe, & les réjouiſſances bruyantes, dont les murs d'Aix la Chapelle ( *i* ) retentirent, paſſerent d'échos en échos & vinrent ſe faire entendre dans l'Europe entiere. ( *k* )

Sa Majeſté fut toujours ſenſible aux maux que la guerre entraine après elle ; les Généreux guerriers qui combattirent ſous ſes ordres, qui furent témoins des actions de ce grand Roi, qui

---

( *h* ) Les articles préliminaires furent ſignés le 30 Avril 1748.

( *i* ) Aix la Chapelle, grande & belle Ville d'Allemagne dans le cercle de Weſtphalie, au Duché de Juliers. Elle n'eſt pas forte, & n'eſt pas propre à être fortifiée. C'eſt une Ville libre & Impériale, bâtie par *Serenus Granus*, ſous l'Empereur Adrien, vers l'an de J. C. 124. L'Empereur Charlemagne, charmé de la beauté du lieu, le choiſit pour être le ſiége de ſon Empire ; il y eſt enterré dans l'Egliſe de Notre-Dame, où l'on garde, dit-on, ſon Epée, ſon Baudrier, & le Livre des Evangiles dont il ſe ſervoit, étoit en lettres d'or ; ces trois choſes ſervent au couronnement des Empereurs. Elle eſt célébre par pluſieurs Conciles & par le traité de paix qui y fut conclu entre la France & l'Eſpagne en *1666*. Elle eſt dans un fond, environné de montagnes, à 12 lieuës de Cologne.

( *k* ) La paix générale fut concluë à Aix la Chapelle le 18 Octobre *1748*, par les Ambaſſadeurs de Sa Majeſté & par ceux du Roi de la grande Bretagne & des Etats Généraux des Provinces Unies. Le Roi d'Eſpagne, l'Impératrice Reine de Hongrie & de Boheme, le Roi de Sardaigne, la République de Gênes & le Duc de Modene y accéderent enſuite.

La publication de la paix ſe fit à Paris le 12 Février 1749.

le fuivirent dans le cours de fes victoires, qui l'accompagnerent dans ces maifons qui fervoient d'azile aux bleffés & aux malades, le virent, s'élevant au-deffus d'une fauffe délicateffe, s'expofer aux dangers prefque toujours inféparables de ces fortes de retraites ; combien de fois ne receuillirent - ils pas auffi les pleurs que lui arrachoit la vuë d'une infinité de morts & de mourans, dont avoient été couverts les champs de batailles où il fe trouva, & qui venoient d'être immolés au repos de l'Etat.

L E Diadême excepté, ne pourroit-on pas comparer le Monarque de la France à Ariftide, Général des Grecs, que le défintéreffement, l'amour de la Patrie, la clémence & la douceur, firent aimer non-feulement des Grecs qu'il commandoit, mais même des Lacédémoniens leurs ennemis. La Grece fçut diftinguer ce Héros de Themiftocle que l'ambition feule faifoit agir ; l'amour d'Ariftide pour la juftice, le fit d'autant plus chérir des Atheniens, dont il étoit le Général d'armée & le dépofitaire des Finances, qu'ils le nommerent *Ariftide le Jufte.*

L o u i s X V, furnommé *le Bien-Aimé* par tous les ordres du Royaume, s'eft acquis ce nom glorieux par fa générofité & fon efprit de juftice. Vainqueur de fes ennemis, fon défintéreffement fut pour eux un attrait qui l'emporta fur toutes fes autres vertus ; ils furent forcés de convenir que ce Monarque, par fa magnanimité, étoit monté à un dégré de gloire capable d'expofer à l'Univers la différence du véritable héroifme à celui prétendu par ces Conquérans, nés pour la deftruction du Genre Humain, avides de fang & de carnage, dévorés par l'ambition, affez foibles pour verfer des larmes fur l'impoffibilité de conquêtes chimériques, & dont les annales du monde font malheureufement trop remplies. S'il eft peu d'exemples de ces Héros dignes de l'être, de ces Héros qui, fçachant mettre des bornes à leurs Conquêtes, préferent le bonheur des Peuples au frivole avantage de tout envahir, L o u i s X V en fournit un bien digne des plus grands hommages. Ce Prince, que la vertu a elle-même formé à l'héroifme, ne prit les armes que pour la juftice ; après avoir triomphé en perfonne dans les plaines de Fontenoy, de Lauffeld, & fubjugué toute

la

la Flandre, il aima mieux être le Pacificateur de l'Europe que d'en devenir le Conquérant ; il préféra, au plaisir barbare de tout enchaîner, celui d'éteindre dans tous les cœurs ces semences malheureuses de discorde & de haine qui entretenoient des playes que la jalousie faisoit saigner depuis si long-temps : voilà le véritable Héros, le modéle des Souverains.

*F I N.*

# OFFICIERS GÉNÉRAUX,
### Qui fervirent pendant la Campagne de 1747.

### LE ROI,
### MONSIEUR LE MARECHAL DE SAXE,
##### *LIEUTENANTS GÉNÉRAUX,*

M. Le Marquis de Clermont Tonnerre.
M. Le Marquis de Senneflerre ,
M. Le Comte de Clermont ;
M. Le Prince de Dombes ;
M. Le Comte d'Eu ,
M. Le Marquis de Maubourg ;
M. Le Marquis de Montboiffier ;
M. Le Marquis de Meufe ,
M. Le Marquis de Clermont Gallerande ,
M. Le Marquis du Chayla ,
M. Le Comte de Ségur ,
M. Le Comte de Baviere ,
M. Le Comte de Monteffon ;
M. Le Comte de Lautrec ,
M. Le Duc de Biron ,
M. Le Marquis de Putanges ,
M. Le Comte de Coigny ,
M. Le Comte de Lowendal ,
M. Le Comte de Beranger ,
M. Le Duc de Boutteville ,

M. Le Marquis Duchatel ,
M. Le Duc de Richelieu ,
M. Le Prince de Pons ,
M. Le Marquis de Brezé ,
M. Le Duc de Luxembourg ,
M. Le Comte d'Eftrées ,
M. Le Comte de Berchini ,
M. Le Comte de Clare ,
M. Le Marquis de Salieres ;
M. Le Chevalier d'Apcher ,
M. Le Marquis de Mirepoix ,
M. Le Marquis de Clermont d'Amboife ,
M. Le Marquis de Langeron ,
M. Le Marquis de Croiffy ,
M. Le Duc de Chartres ,
M. Le Duc de Penthievre ;
M. Le Marquis de Pontchartrain ;
M. Le Comte de Courtomer ,
M. Le Marquis de Contades ,
M. Le Marquis d'Armentieres.

### *MARÉCHAUX DE CAMP.*

M. Le Marquis de Firmacon ,
M. Le Comte de Graville ,
M. Le Duc de Briffac ;
M. Le Marquis de Souvré ;
M. Le Duc de Chevreufe ,
M. Le Marquis Duchatelet ;
M. Le Chevalier de Courten ;
M. Le Duc d'Aumont ;
M. Le Duc d'Ayen ;
M. Le Prince de Soubife ,
M. Le Duc de Chaulnes ,
M. Le Comte de Relingue ;

M. Le Marquis du Muy ;
M. Le Marquis d'Anlefi ,
M. Le Comte de l'Aigle ,
M. Le Marquis de Sourches ;
M. Le Comte de Rofen ,
M. Le Comte de Fitz-James ,
M. Le Marquis de Beauffremont ,
M. Le Comte de Saulx ,
M. Le Prince de Tingry ,
M. Le Comte de la Suze ,
M. Le Chevalier de Nicolay ,
M. Le Duc de Fitz-James ;

M. Le Comte de Luffan ,
M. Le Comte de Noailles ,
M. Le Comte de Maillebois ,
M. Le Comte de Choifeul ,
M. Le Duc de Broglie ,
M. Le Comte de Blet ,
M. Dumefnil ,
M. Le Baron de Montmorency ;
M. Le Chevalier du Muy ,
M. De Rothe ,
M. Le Marquis de Chabanois ;
M. Le Comte de Rochouart Faudoas ,
M. Le Marquis de Montmorin ,
M. Le Comte de Lorges ,

M. Le Comte d'Hérouville de Claye ,
M. Le Duc de Lauraguais ,
M. Le Duc de Duras ,
M. Le Comte de Froullay ,
M. De la Marche ,
M. Le Marquis de Boudeville ,
M. Le Comte de Pons ,
M. Le Comte de Montbarey ,
M. Le Marquis de Beaupreau ,
M. Le Comte de la Vauguyon ,
M. Le Comte de Guerchy ,
M. Le Marquis de Gontaut ,
M. Le Duc d'Havré ,
M. Le Comte de S. Germain.

## *ETAT MAJOR.*

*Maréchal Général des Logis de l'armée….*  M. De Cremille.

*Major Général de l'infanterie. . . .*  M. Le Chevalier de Vaudreüil.

*Maréchal Général de la cavalerie. . . .*  M. De Croifmare.

*Intendant de l'armée. . . .*  M. De Sechelles.

# TABLE DES PLANCHES.

## LIVRE PREMIER.



## LIVRE SECOND.



## LIVRE TROISIÉME.



## LIVRE QUATRIEME.



## LIVRE CINQUIEME.



Fin de la Table des Planches.

Les Relieurs font avertis de placer chaque Planche vis-à-vis du Chapitre.

## APPROBATION.

J'Ai lû par ordre de Monseigneur le Chancelier le Manuscrit qui a pour titre : *Histoire des Conquêtes de Louis XV. depuis l'année 1744. jusqu'à la Paix conclue en 1748.* Je n'y ai rien trouvé qui ne soit à la gloire du Roi, des Généraux & de la Nation ; & je crois que l'Impression eu sera favorablement accueillie du Public. A Paris, le premier Mai 1755. *Signé*, JEZE.

## PRIVILEGE DU ROI.

LOUIS, PAR LA GRACE DE DIEU, ROI DE FRANCE ET DE NAVARRE : A nos amés & féaux Conseillers, les Gens tenant nos Cours de Parlement, Maître des Requêtes ordinaires de notre Hôtel, Grand-Conseil, Prévôt de Paris, Baillif, Sénéchaux, leurs Lieutenants Civils, & autres nos Justiciers qu'il appartiendra ; SALUT. Notre amé le Sieur DUMORTOUS, Nous a fait exposer qu'il desireroit faire imprimer & donner au Public un Ouvrage qui a pour titre : *Histoire des Conquêtes de Louis XV. par Me Dumortous, Avocat au Parlement*, s'il Nous plaisoit lui accorder nos Lettres de Privilege pour ce nécessaires. A CES CAUSES, voulant favorablement traiter l'Exposant, Nous lui avons permis & permettons par ces Présentes, de faire imprimer ledit Ouvrage autant de fois que bon lui semblera, & de le faire vendre & débiter par tout notre Royaume, pendant le tems de six années consécutives, à compter du jour de la date des Présentes. Faisons défenses à tous Imprimeurs, Libraires & autres personnes, de quelque qualité & condition qu'elles soient, d'en introduire d'impression étrangere dans aucun lieu de notre obéïssance : comme aussi d'imprimer ou faire imprimer, vendre, faire vendre, débiter, ni contrefaire ledit Ouvrage, ni d'en faire aucun extrait, sous quelque prétexte que ce puisse être, sans la permission expresse, & par écrit dudit Exposant, ou de ceux qui auront droit de lui, à peine de confiscation des Exemplaires contrefaits, de trois mille livres d'amende contre chacun des contrevenants, dont un tiers à Nous, un tiers à l'Hôtel-Dieu de Paris, & l'autre tiers audit Exposant, ou à celui qui aura droit de lui, & de tous dépens, dommages & intérêts. A la charge que ces Présentes seront enregistrées tout au long au commencement ou à la fin dudit Ouvrage, & sur le Registre de la Communauté des Imprimeurs & Libraires de Paris, dans trois mois de la date d'icelles ; que l'impression dudit Ouvrage sera faite dans notre Royaume, & non ailleurs, en bon papier & beaux caractéres, conformément à la feuille imprimée, attachée pour modele sous le contre-scel des Présentes ; que l'Impétrant se conformera en tout aux Réglemens de la Librairie, & notamment à celui du 10 Avril 1725. qu'avant de l'exposer en vente, le Manuscrit qui aura servi de copie à l'impression dudit Ouvrage, sera remis dans le même état où l'Approbation y aura été donnée, ès mains de notre très-cher & féal Chevalier, Chancelier de France, le Sieur DELAMOIGNON ; & qu'il en sera ensuite remis deux Exemplaires dans notre Bibliotheque publique, un dans celle de notre Château du Louvre, & un dans celle de notredit très-cher & féal Chevalier, Chancelier de France, le Sieur DELAMOIGNON : le tout à peine de nullité des Présentes ; du contenu desquelles vous mandons & enjoignons de faire jouir ledit Exposant & ses ayans cause, pleinement & paisiblement, sans souffrir qu'il leur soit fait aucun trouble ou empêchement. Voulons que la copie des Présentes, qui sera imprimée tout au long au commencement ou à la fin dudit Ouvrage, soit tenue pour duement signifiée, & qu'aux copies collationnées par l'un de nos amés & féaux Conseillers Secretaires, foi soit ajoutée comme à l'Original. Commandons au premier notre Huissier ou Sergent sur ce requis, de faire pour l'exécution d'icelles tous actes requis & nécessaires, sans demander autre permission, &

nonobstant clameur de Haro, Chartre Normande & Lettres à ce contraires. CAR tel est notre plaisir. DONNÉ à Versailles, le douziéme jour du mois de Janvier, l'an de Grace mil sept cent cinquante-neuf, & de notre Regne le quarante-quatriéme. Par le Roi en son Conseil. *Signé*, LE BEGUE.

*Registré sur le Registre quatorziéme de la Chambre Royale & Syndicale des Libraires & Imprimeurs de Paris, N°. 464. fol. 408. conformément au Réglement de 1723. qui fait défenses Art. 4. à toutes personnes de quelques qualites & conditions qu'elles soient, autres que les Libraires & Imprimeurs, de vendre, débiter & faire afficher aucuns Livres pour les vendre en leurs noms, soit qu'ils s'en disent les Auteurs ou autrement; & à la charge de fournir à la susdite Chambre neuf Exemplaires prescrits par l'Art. 108. du même Réglement. A Paris, le seiziéme jour de Janvier 1759. Signé, P. G. LE MERCIER, Syndic.*

9 782329 065175